戦略コンサルタント、
外資系エグゼクティブ、
起業家が実践した

ビジネスエリートへのキャリア戦略

コンコードエグゼクティブグループ
代表取締役社長CEO
渡辺秀和＝著

ダイヤモンド社

はじめに

なぜ、若くして社会で活躍する人たちが急増しているのか？

いま、20代、30代という若さでありながら、数千万円もの年収を得て、社会で大活躍する人たちが急増しています。メディアに頻繁に取り上げられるような若手の起業家やＮＰＯ創業者も次々登場し、名前を挙げれば切りがありません。また、メディアに登場していなくても活躍している若い人はたくさんいます。大手企業を再建して多額の成功報酬を手にする30代の凄腕経営者、コンサルティングファームの幹部として活躍しながらビジネススクールの教授として世の中を啓蒙する人、外資系金融機関で20代のうちに５０００万円を超える年収を得て、その資金を元手に社会貢献事業を興す人……。彼らの多くは、「自分の好きなことで、高い収入を得ながら、社会に大きなインパクトをもたらす」ことで人生を謳歌しているように見えます。

これは、20年ほど前には考えられなかったような大きな変化です。

以前の一般的なサラリーマンにとっては、企業の経営者として活躍できるのは50代か60代というのが常識でした。しかも、それは競争を勝ち抜いたごく一部の人たちに限られた話です。また、年収が数千万~億円単位になるなど、親が会社かビルを持っている資産家でもない限り、到底考えられないことでした。それが、いまでは、若くして社会で活躍する人たちがまったく珍しくない社会となりました。

これは、パナソニックの松下幸之助氏やソフトバンクの孫正義氏のような大天才が現われて、日本屈指の企業グループをつくり上げた……というような立身出世物語とは違います。当たり前のことですが、こんなに急に天才が増えるわけがありません。いま、このように活躍している人たちの多くは、読者の皆さんと同様に大学までは普通の人生を送っていた人たちです。また、彼らは一発勝負のハイリスクなチャレンジをしているわけでもありません。

それでは、なぜ、彼らは普通の生活から抜け出して、素晴らしいキャリアで人生を謳歌できているのでしょうか。そこには、この20年ほどで大きく変わった社会の仕組みを活用した「何か」があるはずです。

ビジネスエリートが実践したキャリア設計法

私は10数年にわたって、転職を検討する方のキャリア設計を支援してきました。マッキンゼーやボストン コンサルティング グループをはじめとするコンサルティングファームや、投資ファンド、外資系企業のエグゼクティブへのキャリアチェンジを果たした方の人数は、

1000人以上にものぼります。その方々の中からは、ネクストキャリアとして起業家や大手企業の経営者として活躍する人も数多く登場しています。まさに、「好きなことで、高い収入を得ながら、社会に大きなインパクトをもたらす」という活躍をされています。従来は、官僚組織や日系の超大企業といった巨大組織の中にいる〞エリート〞が、日本の社会をリードして発展を支えてきました。しかし、これらの巨大組織が機能不全に陥る中、自由にスピーディーに動ける立場から社会変革を担う生き方を選んだ人が〞エリート〞としての機能を担いつつあります。

このようにお話しすると、私が特別に優秀な人たちばかりを支援しているのではないかと思われる方もいるでしょう。しかし、決してそうではありません。戦略コンサルや外資エグゼクティブといった輝かしいキャリアに就いた方々も、転身前は一般的な企業に勤めるごく普通のサラリーマンでした。彼らも普通の家庭に生まれ、まじめに勉強して大学に入り、新卒時には一般的な日系企業に就職した人たちです。特別な資格を持っているわけでも、業界を驚かせるような高い実績を挙げていたわけでもありません。

私が10年前に転職を支援した30代の起業家の方は、先日食事をした時にこのように話してくれました。「将来は経営者になりたいと思っていた私は、幹部候補として採用すると言ってくれた会社に新卒で入りました。しかし、入社すると『まずは現場に出ろ』と言われ、電話での新規営業と飛び込み営業の毎日でした。あまりに非効率な業務だったので、営業部全体でもモチベーションが下がっていました。先輩と一緒に営業の改革案を部長に出しても、余計なことをするなとあっさり却下されました。2年が経ち、『自分の人生、このまま営業を続けていいていいのだろうか?』と自分の成長に不安を抱えていました。でも、思いきって、渡辺さんに相談したことで人生が変わりました。営業経験しかなかった自分でも、キャリア戦略をうまく組めば、こうやって夢を実現できるんですね」

キャリア支援をしている私にとっては、たいへん報われるありがたい言葉であると同時に、キャリア設計がもたらすインパクトの大きさを端的に表わす話でした。

この方は、いま、メディアや投資ファンドからも注目される起業家として活躍されています。しかし、この方も、もともとは一般的な企業に勤めるごく普通のサラリーマンでした。自分の夢を実現するため、起業家として必要な経験やスキルを積めるように上手にキャリアを設計することで、無理なく現在のポジションを築いてこられたのです。

いま、社会で大活躍している彼らが、人生を飛躍させた鍵——それは、〝キャリア戦略〟にありました。そして本書で私がお伝えする手法は、戦略コンサルタント、外資エグゼクティブ、起業家など、まさに多くのビジネスエリートたちが実践してきたキャリア設計法なのです。

個人と社会を豊かにするキャリア設計のノウハウ

キャリア設計は、人生を豊かなものにするうえで極めて重要なテーマです。しかし残念ながら、現在の日本の教育環境ではキャリア設計の方法について学べる機会はほとんどありません。よく考えると、不思議なことですよね。

大学では、キャリア意識の変化や企業が取り組むべき人材育成の課題など、マクロ的な視点からのさまざまな研究が行なわれています。もちろん、これはたいへん素晴らしいことです。しかし、個々人のキャリア設計について具体的な解決策を得るためには、変化し続ける人材市場での採用ニーズ、応募者の内定可能性、年収水準の実態などを把握したうえでのアドバイスが必要です。言わば、実務の最前線で活躍する企業経営者に、大学教授・研究者の「理論」だけではなく、戦略コンサルタントの提案する「解決策」が必要となったように、キャリアを真剣に考える人にはキャリアコンサルタントの提案する「解決策」が必要不可欠なのです。しかしながら、これまで実務の最前線で活躍するキャリアコンサルタントが記した書籍が少なかったせいか、キャリア設計のノウハウについてはほとんど語られてこなかったという実情があります。

また、少々おおげさかもしれませんが、キャリア設計のノウハウは日本を豊かな社会に変えると私は考えています。もちろん、一人ひとりが望む人生を手に入れられるようになるという意味で、非常に豊かな社会になるでしょう。ですが、それだけではありません。本書をお読みいただくとわかるように、自分のビジョンを実現できるだけでなく、多くの場合、収入を高くしていくことも可能となります。これは、その人の生み出す付加価値が高まっていることを意味しています。一人ひとりの生み出す付加価値が高まれば、当然、人口が同じでも日本全体の生み出す付加価値を高めることができます。少子化で人口が増えない日本の経済を活性化するうえでキャリア設計の支援は、即効性のある重要な方策だと思います。

「人生は一度きりだから、悔いがないようにチャレンジしたい。しかし、一度きりだからこそ失敗はしたくない」。日頃、キャリア相談の現場では、このようなジレンマを抱えながら悩んでいらっしゃる方に多くお会いします。そのように悩んでいた方々が、キャリア設計を上手に行なうことで安全・着実に夢を実現することができることを知り、充実した人生を求めて踏み出されています。相談者の皆さんに喜んでいただけるたびに、もっと多くの方々をがんばって支援したいという想いが強くなります。

私たちの会社では、キャリアコンサルタントが一人ひとりの相談者とじっくりと話しあってキャリア設計を支援しています。キャリアを実現するために数か月間、長い時には数年に及ぶ期間を経て、転職活動を共にしていきます。そのため、どうしても支援させていただける方の数には限りが出てきます。

また、最近では、意識の高い優秀な学生の方からもキャリア設計の相談を受けることが増えてきました。弊社では中途採用の支援を行なっておりますので、本業とは直接関係ありませんが、やる気にあふれた学生の就職を応援したいという想いから、時間が許す限りなるべくお会いしてきました。その中で、改めて私たちの持つキャリア設計法を必要とする学生の皆さんが数多くいることを実感しました。

そこで、これまで私たちが直接お会いできない方や学生の皆さんにも、世の中に公開されていないこのキャリア設計のノウハウを広くお届けするために、本書を執筆することにしました。一度きりの人生を自分の手で飛躍させたいと願うすべての方に、本書を捧げたいと思います。

本書の構成について

第1章では、キャリア設計の基本的な考え方についてご紹介します。また、いままでは存在しなかったこのような方法が有効になった背景についても触れたいと思います。

第2章では、相談者からよくいただくキャリアの疑問を取り上げます。キャリアについて考えはじめると、多くの方が気になる疑問であると同時に、キャリア設計のベーシックな考え方が習得できる興味深いテーマです。

第3章では、キャリア設計を進めていく中で、陥りがちなワナについて取り上げます。ついやってしまいがちな、一般では常識とされていることの裏にある意外な落とし穴について解説します。読んでおいてよかったと胸をなで下ろす方もいるかもしれません。

第4章では、さまざまなバックグラウンドの方が活用できる、汎用性の高いキャリア強化法をご紹介します。このノウハウを知ってキャリア設計をすれば、ライバルに大きな差をつけることも可能です。

第5章では、キャリア設計のマジックとも言える大技について紹介します。こちらに挙げている手法は、万人にフィットするというものではありませんが、活用すれば、キャリアのステージを一気に変えることができるパワフルなものです。

第6章では、第1章から第5章までに挙がってきたノウハウを集約し、皆さんがキャリア設計していく際の具体的な手順を紹介します。言わば、まとめ・復習のための章となっています。キャリア設計や転職活動の一歩を踏み出す際にご活用ください。

それでは、早速、人生を飛躍させるキャリア設計法を紹介していきましょう。

第3章 あなたの「常識」は間違っているかもしれない

第4章

ビジネスエリートたちはすでに実践している

――押さえておくべきキャリアの鉄則――97

第5章 劇的に人生を変えるマジックがある
――プロが編み出したキャリアの飛躍術――135

第1章

人生を飛躍させる
キャリアを設計する

35歳、女性。マーケティング部長。年収1600万円

35歳の女性が、大手事業会社のマーケティング部長（年収1600万円）へ転職。

私たちの会社の相談者の転職事例です。実際には、手当などが付いて、年収はさらに200万円程度は高くなります。私たちの会社の相談者の転職事例としては、決して珍しくないケースですが、日系大手企業にお勤めの方がご覧になると大変驚かれると思います。

この女性は、どうしてこのような高いポジションを得ることができたのでしょうか？

まずは、彼女のキャリアを追ってみましょう。

彼女は新卒で日系大手企業へ総合職として入社し、同期入社の社員と一緒に営業部門へ配属されました。言わば普通の社会人のスタートと言えるでしょう。しかし、数年が経ち、希望する経営企画やマーケティングの仕事に就くまでには何年もかかるうえ、その部門の幹部となるのにはさらに10数年かかることに気づきます。悩んだ末に、20代後半となった彼女は、転職の相談にやってきました。そこで、私と一緒にキャリアを設計し、夢を実現するための一歩を踏み出しました。

まず、外資系コンサルティングファームへ入社し、大企業の戦略立案や海外マーケティングのプロジェクトを数多く経験しました。コンサルタントの仕事に慣れるまでにやや苦労した時期もありましたが、34歳で無事にマネージャーに昇格しました。

そして、豊富なマーケティング経験と高いリーダーシップを買われた彼女は、人気の大手外資系企業のマーケティング部長に35歳という若さで抜擢されました。同社でも最年少クラスでの抜擢です。彼女は、たった7、8年で念願だった事業会社のマーケティング部門の幹部となったのです。

ご覧になっておわかりのように、彼女は、特別な資格や人脈を持っていたわけでもなく、特別に高い実績を挙げたわけでもありませんでした。他の人が絶対にマネできないような「特別なこと」はありません。成功のカギは、キャリアビジョンに至るためのルートを定めたキャリア戦略をつくり、実行したことにあったのです。その結果、長期的なスパンで目指す目標地点としてのキャリアビジョンを実現しました。

「キャリアの階段」をつくってゴールを目指す

彼女のキャリア設計で重要なポイントは、経営企画やマーケティングのポジションを直接目指さなかったということにあります。日系企業の若手営業というステージから、いきなり大手企業の経営企画部門に入るというのは、少々無理があります。しかし、一足飛びにゴールに行くのが難しい場合は、中間地点となる「キャリアの階段」をつくって着実にゴールを目指すことで、その実現可能性は飛躍的に高まります。

コンサルティング業界であれば、若い方を対象に、未経験者でも採用している会社がたくさんあります。そこで、まずはコンサルティングファームに行って、一旦、戦略立案やマーケティングに関する業務経験を積んでおくという選択肢が見えてきます。このような業務経験を積めば、事業会社の経営企画やマーケティング部門で〝即戦力の経験者人材〟として扱われ、入社できるチャンスが一気に高まるからです。一見すると寄り道しているように見えますが、コンサルティングファームに行くことは、彼女にとっては事業会社の経営幹部に至る最短ルートとなったのです。

一方、もし新卒で入った日系企業に残ったままだったとしたら、毎日どんなに仕事をがんばっても、35歳でマーケティング部長に抜擢される可能性はほぼゼロだったでしょう。仮に、働きながらMBAやCPAなどの学位・難関資格を苦労して取得したとしても、やはり社内で営業担当からマーケティング部長へ抜擢されることはなかったでしょう。

人生はキャリア設計次第で大きく飛躍させることができます。反対に、やみくもに努力をしたからといってうまくいくものでもないのです。

「氷壁」をかわすようにキャリアの階段を設計する

キャリアの階段は、ワンステップだけとは限りません。現職の仕事から目指すゴールまでの距離が遠い場合には、ツーステップ、スリーステップと挟むこともあります。

メーカーの経理部門にお勤めの石田さん（仮名・27歳）は、お子さんの誕生をきっかけに、改めて自分の人生について考えるようになりました。子供の教育について考えているうちに、「日本の教育問題に一石を投じるような事業を興したい」と以前から持っていた情熱を思い出したのです。

石田さんが最初に相談した人材紹介会社では、「教育業界の経理なら入れるでしょう」と言われました。しかし、教育業界に入っても、経理職では日本の教育を変えるような事業の立ち上げに携わるのは難しそうです。また、未経験の教育業界でいきなり起業するというのはさすがに無謀です。とは言え、せっかくの夢はあきらめたくない……。八方ふさがりとも言える悩みを抱え、石田さんは私たちの会社に相談にいらっしゃいました。

そこで、登場するのがキャリアの階段です。石田さんの場合も、例えば、戦略コンサルと教育企業の経営企画という2つのステップを挟むことで、安全・確実に目指すビジョンに向かうことができます。

メーカー（経理）⬇戦略系コンサルティングファーム（コンサルタント）⬇教育業界大手企業（経営企画）⬇教育ベンチャーの起業（経営者）

メーカーの経理から教育業界の経営企画にストレートに行ければより早いのですが、実際には27歳の経理職で教育業界未経験となると、経営企画や新規事業開発の仕事に就くことはなかなか難しいでしょう。また、仮に合格したとしても、業界・職種ともに未経験者扱いとなるため、提示される条件や年収も気になるところです。このようなプランは、登山に例えれば、「氷壁」がある難しいルートから無理矢理よじ登ろうとするようなものです。登りにくいルートをわざわざ通る必要はありません。

石田さんと私は、戦略系コンサルというキャリアを挟むように設計しました。このルートであれば未経験者の石田さんも十分にチャンスがありますし、戦略コンサルを卒業して教育業界の経営企画に行く際に高いポジションで入ることが可能となるため、一石二鳥だからです。また、いくら綿密にキャリア戦略を立てていても、必ずしも起業というゴールに辿り着けるとは限りません。その場合でも、教育業界の企業で高いポジションを得られるようにしておくことは大切なバックアッププランとなります。

なお、戦略コンサルを挟むプラン以外にも、ベンチャーキャピタルやインターネット業界を活用したキャリア戦略など、さまざまな案が考えられます。

（例1）

メーカー（経理）➡ベンチャーキャピタル（ベンチャー企業への投資／育成担当）➡教育業界成長企業（経営幹部）➡教育ベンチャーの起業（経営者）

（例2）

メーカー（経理）➡インターネット系企業（経営企画）➡インターネット系企業（新規事業企画）➡インターネット系教育ベンチャーの起業（経営者）

氷壁をかわして山頂に辿り着く

自分のキャリアビジョンを一足飛びに目指すのは無理がある場合でも、ワンステップ、ツーステップと「キャリアの階段」をつくることで、その実現可能性は飛躍的に高まります。こうすることで、「無理だ」とあきらめていた夢も手が届くようになります。「現在の自分」と「なりたい自分」をつなげるうえでとても大切なスキルです。目指すゴールに至る階段を上手につくることは、皆さんにぜひマスターしていただきたい「キャリア設計の要諦」なのです。

キャリアを設計する3つのステップ

キャリア設計は、シンプルに言えば、3つのステップで考えていくことになります。

（1）目指すゴールとしてのキャリアビジョンを設定する
（2）現状からキャリアビジョンに至るルートを考える
（3）ルートを歩むために転職活動を成功させる

まずはゴールであるキャリアビジョンをしっかりと設定しないと、どのようなキャリアを積むべきかを決めることはできません。一見すると当たり前のようですが、実際には、キャリアビジョンを設定しないまま資格取得に奔走したり、オイシイ求人情報を求めたりして転職活動をしている方も少なくないのではないでしょうか。ゴールが不明確なままやみくもに努力してても、気がついてみると自分が得たい人生とは異なるところに来てしまったということにもなりかねません。まずはしっかりゴールを設定しましょう。

次に、現状からキャリアビジョンに至るステップを考える作業は、やや難易度が高いものになります。無数とも言えるルートの中から、どのルートであれば実現可能性が高いのか、さらにその中でビジョンに至る最短ルートはどれなのかは、企業の採用動向に精通していなければわかりません。また、一般には知られていないルートを活用することで、不可能とも思えたビジョンに到達する手法も存在します。

さらに、設計したルートを歩んでいく中で、転職を活用してキャリアアップを図る場合、その転職の成否がキャリアに非常に大きな影響を与えます。せっかく考えたプランが画に描いた餅となってしまうかどうかは、キャリアにおける勝負所である転職活動を乗り越えるスキルにかかっています。実力を十二分に発揮するためにも、知らないと大損する〝転活リテラシー〟をしっかりマスターしておきましょう。

これらの詳細については、この後扱っていきます。

人材市場の発達がキャリアのあり方を変えた

前項でキャリアの階段の話をしましたが、このようなキャリア設計法がしやすくなったのには理由があります。実は、この20年〜30年で人材市場が急速に発達したことと密接な関係があるのです。

人材市場とは、端的に言えば「転職したい人」と「人材を求める企業」がマッチングされる場です。あなたが「○○というスキルを武器に転職したい」と考えたとします。○○スキルを持つ人材を求める企業が、あなたに対して「年俸××円で採用したい」と手を挙げてきます。そこで双方の条件（ポジションや年収、仕事内容など）が折り合えば、無事に転職が決まります。その際、手を挙げてくる会社が一社とは限りません。そうなると、あなたはよりいい条件の会社へ行こうとするかもしれません。まさに株の売買が行なわれている証券市場と同様に、人気の人材には高値がつき、多くの企業で争奪が行なわれているという状況が生まれるのです。

かつては転職というと、「上司と馬が合わない」「給料が安い」など現職の不満を解消するために職を変えるネガティブな行為として捉えられていた面があります。しかし現代では、自分が求める経験、スキル、収入を得られる環境を自ら主体的・積極的に選択するポジティブな行為として捉えられています。もちろん、自分が欲しいスキルや経験を習得するためだけに在職するのは評価されません。所属する企業でしっかりとした価値を生み出し、組織に貢献することが前提です。

この変化をひも解くと、90年代あたりから優良な外資系企業が日本において魅力的な転職先となってきたことが、大きなトリガーとなったと言えるでしょう。外資系事業会社・外資系コンサルティングファーム・外資系金融機関などが、事業の拡大に伴って優秀な人材を高待遇で中途採用していったため、日系企業から優秀な人材が流出しはじめました。特に、若い人でも優秀ならば高いポジションで採用するという実力主義の採用が、年功序列の日本企業に辟易としていた優秀な若手の考えにフィットしました。こうなると、優秀な即戦力人材が流出してしまった日系大企業も中途採用で即戦力人材を補充せざるを得なくなり、結果として、外資系企業も日系企業も中途採用を積極的に行なうようになりました。魅力的な企業の中途採用が増えることで、優秀な人材がますます人材市場に出るようになり、それを受けて企業はますます中途採用に力を入れる……。この連鎖が魅力的な転職の機会を拡大し、人材市場を大きく発展させました。

どんなにいいキャリア設計をして、キャリアの階段をつくろうとしても、それを実現し得るいい転職先がなければ意味がありません。人材市場が発達した現代だからこそ、キャリア設計をする意義が高まったのです。

自分の未来を自分でデザインする時代へ

従来は、新卒で入った大企業に残ること以上にいい選択肢が少ない時代でした。しかし、こうした人材市場の発達により、ビジネスパーソンのキャリアのあり方が大きく変わりました。

第1に、自らの意思で好きなことを仕事にできるようになりました。人材市場が発達している現代では、転職する際に魅力的な機会がたくさんあります。力さえあれば、自分のやりたいことや好きなことを仕事にすることも可能です。以前であれば、社内にしか仕事の選択肢がなく、異動希望が叶うかどうかは会社まかせで、主体的にキャリアを選択することは困難でした。

第2に、高い年収条件や高いポジションで転職できる機会が得られるようになりました。例えば、20代で数千万円の年収となる外資系金融機関、30代前半で2000万円を超える年収となる外資系コンサルティングファーム、それらに準ずる年収水準となる外資系製薬企業、急成長中のインターネット企業など、従来のサラリーマンでは考えられないような高額の年収を提示する企業はたくさんあります。さらには若いうちから高いポジションに就く機会も豊富になっています。社長や経営幹部のポジションを外部から中途採用した30代の優秀な人材にまかせようとする事業会社も珍しくありません。コンサルティングファームでは、パートナーと呼ばれる経営幹部に30代前半で就任する人もいます。高いポジションに就くことで、社会に大きなインパクトをもたらすことも可能になるという点でも大きな魅力があります。このように若くして高収入、高いポジションを得られる人がたくさん出るようになったのも現代の人材市場の大きな特徴です。

第3に、人材市場で評価される力があれば、安全なキャリアをつくれるようになりました。日本を代表する大手メーカーの大規模なリストラや大手金融機関の合併などを引き合いに出すまでもなく、いまや日系大手企業の雇用安定神話は完全に終焉を迎えつつあります。大企業が潰れたり、買収されたりすることが珍しくない現代において、会社に依存したキャリアは極めてリスクが大きくなっています。多くのビジネスパーソンの方が不安を抱えていることと思います。しかしながら人材市場で評価される実務経験やスキルがあれば、たとえ勤務先の会社が潰れたとしても新たなキャリアを歩むことができます。ひとつの会社をセーフティーネットとする時代から、人材市場をセーフティーネットとする時代へと変化しつつあります。

　キャリアのあり方の変化を鑑みると、自分の未来を自分でデザインできる自由が得られたとも言えますし、自分の未来を守るために自分でデザインする責任を持たざるを得なくなったとも言えると思います。いずれにせよ、自分の未来をデザインすることの重要性が非常に高い時代を迎えたのは確かでしょう。

好きなことで、高い収入を得ながら、社会に大きなインパクトをもたらすという生き方

　ここまでお読みいただいておわかりのとおり、現代は、人材市場の発達によってキャリアのあり方が大きく変わった面白い時代です。上手にキャリアを設計すれば、自分の好きなことを仕事にして、若いうちから高い年収を得ながら、社会にインパクトを与えるポジションに就くことが十分に可能となりました。本書の冒頭で紹介した「20代、30代という若さでありながら、社会で大活躍する人たちが急増している」という現象の背景には、このような理由があったのです。

　少し周りに目を向けるだけでも、さまざまな形で活躍する若手を見つけることができます。

身につけた経営スキルを活用して、苦境にあえぐ企業を再生させる人。インターネットを活用したビジネスで起業をして、医療問題や労働問題といった社会問題を解決する人。海外戦略部門のトップとして、素晴らしい技術を持つ日本企業の進出を成功させる人。ＭＢＡや高校などの教育現場に最前線の経営の知見を持ち込み、未来の日本を支える人材を育てる人……。社会をよりよくする活動に自由な立場からスピーディーに取り組む彼らの生き方は、まさに〝現代型のエリート〟と表現しても過言ではないでしょう。

ここで重要なのは、ビジネスエリートたちのように、「好きなことで、高い収入を得ながら、社会に大きなインパクトをもたらす」という生き方は、一部の人に限られた話ではないということです。人材市場を活用して、上手にキャリアを設計することで、読者の皆さんも十分につかみ取ることができます。一度きりの人生を存分に謳歌する――それを可能にするのが、人生を飛躍させる〝キャリア戦略〟です。

「夢をあきらめたくないが、家族をはじめとする周囲の人たちのことを考えると、無謀なチャレンジはできない」というジレンマを抱えている方も多いと思います。もちろん、いきなりやりたい仕事を始めようとすれば、収入は激減して、失敗も多く、苦労もするでしょう。しかし、さまざまな選択肢が存在する現代においては、「キャリアの階段」をつくることで、安全・着実にゴールに向かって歩むことが可能です。

ビジネスエリートたちは、キャリア戦略を描いて実践したことによって、安全・着実にいまのポジションをつかみ取ってきました。そして、あなた自身も安全・着実に、「好きなことで、高い収入を得ながら、社会にインパクトをもたらす」という生き方をつかみ取ることができます。〝志を持ちながらも、周りの人を大切にする〟バランス感覚ある方のために、本書のキャリア戦略のノウハウはあります。私は、そのような周囲や社会と調和を生み出せる方にこそ、社会を牽引していっていただきたいと願っています。

それでは、ビジネスエリートたちが実践してきたキャリア戦略の上手なつくり方について、第2章以降で具体的に紹介していきましょう。

コラム

会社は〝採用〟とどう向き合えばいいのか？

――企業も人材市場での競争にさらされている

会社と社員は互いに〝役立つ存在〟へ

大手企業の雇用安定神話の終焉とともに、社員は会社に人生を託すことはできなくなりました。「会社に依存した生き方から脱却しなければいけない」などと言われますが、まさにそのとおりです。しかし、社員を雇用する会社側にも同様のことが言えるのです。人材市場の発達により、会社側も個人のキャリア形成に役立つ環境を提供しないと、優秀な人材にどんどん逃げられることになります。年収が業界水準と比べて劣っている場合も、競合他社に社員が流出します。そして魅力的な環境を用意しないと、新たな人材を採用することもできません。つまり、会社側も優秀な人材の流出を防ぐための創意工夫が必要ですし、人材獲得のための激しい競争にさらされているということなのです。

会社と社員は互いに依存した関係から、自立した関係となりました。このことは、私は決して悪いことだとは思っていません。会社も社員も互いに役立つ存在であるように真剣に努力するようになるからです。これまでは、社員のためにそれほどよい会社でなくても、社員は辞めていくことはありませんでした。逆に、社員も多少怠けていても解雇されることはなく、昇進にもほとんど影響がありませんでした。そのような状況は健全であったとは思いません。

キャリア設計をしっかりとして、自分の未来と目の前の仕事がしっかりリンクしている人材ほど、より真剣にスキルを習得し、在職中に高い成果を挙げてくれます。会社にぶら下がろうとする真剣味のない人材より会社にとってずっと役立ちます。

双方が真剣に役立つ存在となることが求められるようになったことで、がんばっている会社や個人が報われる社会になっていくでしょう。

採用力が企業の成長に直結する

このような社会になると、生涯ひとつの会社に勤め続けようとする人は減るかもしれません。会社としては少々頭の痛い問題です。しかし、人材市場の発達は、会社にとって悪いことばかりではありません。魅力的な環境さえつくれば、優良大企業、官庁、さらには競合企業の社内にいて、自社と接点がなかった優秀な人材をどんどん採用できるチャンスがあるのです。知名度の低いインターネット系ベンチャー企業が、名だたる有名企業の優秀な人材を採用できるのも人材市場の発達のお陰です。大手企業へアプローチし、数十億円の受注を獲得してくる凄腕営業マンを、ベンチャー企業でもたった1500万円の年収で採用できます。コンサルティングファームに発注したら1億円も取られる事業戦略を策定できるベテランコンサルタントを、知名度の低い中堅企業でもたった2000万円の年収で採用できるのです。企業へ大きな利益をもたらす即戦力人材を採用できるようになったのは、とても大きな変化です。

人材市場は、成長意欲のある企業にとっては宝の山というわけです。成長には、採用力が必要不可欠です。実際、私たちの会社のクライアント企業の中には採用を経営の最重要課題として位置づけて、大手企業の社長が直接、採用に関わるケースも珍しくなくなってきました。組織を拡大させる方法としても一般的な採用だけでなく、M&Aや部門ごとの採用などの手段も組み合わせて進めていくことが増えてきました。

また、採用担当や採用責任者は、人材市場における企業の「顔」となっていることに注意が必要です。中小企業であれば、採用担当者は1名。大手企業でも数名で採用を行なっている会社がほとんどです。一方、営業マンはその数十~100倍はいるのではないでしょうか。例えば、営業マンが100人いたとしましょう。顧客からネガティブな評価を受ける営業マンが1人いても、その悪影響は全体の100分の1で済みます。しかし、たった1人しかいない採用担当者のコミュニケーションが下手だと、全人材市場における評判が一気に下がることになります。反対に、採用担当者が魅力的で上手にコミュニケーションできる人だと、たった1人の力で市場全体での評判を上げることになります。採用担当者は人数が少ないため、一人ひとりがとても大きな影響力を持っているのです。営業マンのことばかり気にしていて、採用担当者が何をしているか把握していない経営者を時々見かけますが、大変危険なことなのです。

以前であれば、人事部門は、守りの仕事という意味合いが強い面がありました。これからは、マーケティングや営業と同様に、企業の成長そのものと直結する攻めの仕事と位置づけられるでしょう。経営者は、採用を企業の最重要機能のひとつとして捉え、自社が顧客からどのように評価されているかだけでなく、人材市場でどのように評価されているかに耳を傾ける必要があります。採用に関わる方の企業内における役割は、ますます重要なものになっていくでしょう。

第2章

まずは人材市場の実態を知る

——誰もが気にするキャリアの疑問

難関資格を取得すると転職にどのくらい有利か？

——何が本当に有利なのかを見極める

転職で価値を発揮しない資格に注意する

キャリアの話になると、「私は自慢できるような資格を持っていないからダメですね」「どんな資格を取得すると転職に有利か？」などと、資格に関する話題になることが多いようです。「財務会計の知識は社会人にとって必須。最低限、簿記２級は取得しておく必要があるね」「難関資格の公認会計士を取得していないと、それほど評価されないよ」「いやいや、グローバル化するこれからの時代は、ＣＰＡのほうが得だね」というような議論もよく耳にします。このような資格に関する話は本当でしょうか？

「弁護士になるために司法試験を受ける」「どうしても監査業務をしたいから公認会計士を取得する」という場合には、もちろん問題ありません。それらは、そもそも職務を行なうために取得しなければならない国家資格ですので、がんばってチャレンジする価値があるでしょう。

しかしながら職務に必須とされる資格を除くと、その他の任意取得の資格に関しては、一般のキャリア本や資格取得学校で語られているほど転職時には評価されません。「何でもいいから難関資格を取っておけば、転職に有利になる」というものではないのです。超難関とされる弁護士資格を取っていても、法務職に就いたり、弁護士事務所に入ったりする場合以外にはあまりメリットはありません。自身の就きたい業務と資格がフィットしていなければ、資格が価値を発揮しないのは当然のことです。いわゆる〝箔付け〟に難関試験を取ろうと考えている場合には要注意です。

資格試験はハイリスクな勝負

中小企業診断士もたいへん難易度の高い資格のひとつですが、残念ながら難易度の割に、転職の際に評価を受けにくい資格でもあります。「経営企画やマーケティングのポジションに応募する時、中小企業診断士の資格があったほうが有利でしょうか?」という質問もよくいただきますが、実態としては、この資格の有無はほとんど影響がありません。もちろん、勉強して無駄になることはありませんが、〝丸暗記する必要のないもの〟まで試験勉強には多々含まれています。

難関試験ほど、当然、合格率は低く、取得までにかかる労力は膨大なものとなります。そ

資格取得の努力の重さは、得られるメリットの重さと釣り合っているか？

して、その試験は年に一度の一発勝負。一生懸命に勉強しても、たまたま苦手な問題が出て、不運にも落ちてしまうということなど珍しくありません。残念ながら資格試験の勉強をしていたことや身につけた知識は、合格しない限り世間では評価されません。旧制度の司法試験が有名ですが、何年間も棒に振ってしまうような危険性もあります。合格しなければ評価されませんし、幸い合格できたとしてもイメージほど「資格」はキャリアアップに役立ちません。資格取得に邁進するというのは、このようなハイリスクな勝負に挑んでいることになります。望むキャリアを実現するためには、資格の取得に奔走する前に、その資格が本当に自分のキャリアに役立つのかを慎重に見極めることが大切なのです。

さらに転職時には、「資格」よりも「職務経験」のほうが大きな意味を持つことが多いということも知っておく必要があります。例えば、マーケティングの仕事に就くには、マーケティングの業務経験を持っていると有利です。マーケティング業務未経験で中小企業診断士の資格を持っていても、それほど評価はされません。そのため、入りたい業界や企業に評価されるような職歴をどのように積むかを考えることがとても大切なのです。

また、20代から30代前半くらいまでは、未経験者を採用する企業も珍しくありません。未経験者を採用する企業は、書類選考や面接、適性検査を通じて、ポテンシャルや適性、モチベーションをいろいろな角度から確認してきます。ただし、これらの選考への対策にかかる時間は、難関資格を取得するための準備に比べればはるかに短くて済みます。そのため資格試験に奔走するよりも、書類準備や面接対策、適性検査対策にエネルギーを割くほうが、キャリア設計上はずっと効率がいいかもしれません。人生の時間は有限です。貴重な時間を割いて投入する努力に対して、得られるものが見合うのかを慎重に見極めることが大切です。

年収をアップするにはどうすればよいのか？

――まずは「壁」の存在を知る

年収の高低を分ける「壁」が存在する

以前、ある経済誌の記者から素朴な質問を受けました。

編集者「年収を上げるにはどうすればいいんですかね？」

私「う〜ん。なかなか答えにくい質問ですね（笑）。もちろん、人によってとるべき作戦は異なってきますからねえ」

編集者「そうおっしゃらず、みんなができそうなシンプルなことはないですかね？」

私「困ったなあ……。あえて言えば、ですよ」

編集者「はい。あえて言えば……」

私「英語を勉強することですね」

編集者「えっ!?　そうなんですか？」

記者の方は、これから年収が上がりそうなオイシイ資格の話や、年収の高い外資系証券会社に潜り込む裏技などが聞けるのかと思っていたようです。私の回答があまりにシンプルだったためか、少々面食らっていました。

実は、年収の高低を分けている「年収の壁」というものが世の中には存在しています。年収を上げたいと考えるのであれば、ガムシャラにがんばる前に、まずはこの「壁」の存在を知り、それを越える手立てを考えることが先決です。そうしないと、いくら努力しても、それに見合った収入アップは難しいということになります。では、「年収の壁」とは、いったい何でしょうか？

階層の壁――資本家、経営者、従業員で年収が変わる

まず、代表的な年収の壁のひとつが「階層の壁」です。

日本企業に勤めているサラリーマンで年収2000万円をもらっている人は全国にどのくらいいるでしょうか？　役員ではない一般の社員で年収2000万円をもらっている人は、おそらくほとんどいないですよね。総合商社や大手金融機関などのごく一部の人くらいでしょう。全国で働くサラリーマンの総人口で割ったら、本当に一握りの人たちしかいないことがよくわかります。

年収をアップしたいなら、「年収の壁」を越えるのが早道

一方、年収が2000万円以上あるオーナー経営者はどのくらいいるでしょうか？　ごく身近なところにある中小企業の経営者や、街の至る所にあるビルのオーナーなども、そのくらいの年収があってもおかしくありません。

よく考えると変ですよね。超人気企業の役員にまで上りつめるのと、どこにでもある中小企業を経営するのとではどちらがたいへんか？　比較はできないことでしょうが、それでも違和感を覚える方も多いと思います。

会社における階層を大別すると、「資本家」「経営者」「従業員」の3つがあります。シンプルに言えば、従業員を雇って会社を運営するのが経営者、その経営者を高い年収で雇って会社全体から挙がる大きなリターンを得ているのが資本家という構造です。年収500万円の従業員を年収5000万円の経営者が雇い、その経営者を年収5億円の資本家が雇うなどとも言われます。先ほどのオーナー経営者は、資本家であり経営者でもあるという立場です。

このように整理すると、従業員側でがんばることと、壁を越えて資本家や経営者側でがんばることは、年収面において決定的に違うということを理解いただけるかと思います。目には見えませんが、階層の壁は、厳然とそこに存在しているのです。従業員側で年収アップを目指す時、あなたが誰もがうらやむような花形社員でない限りその中のし烈な競争を勝ち抜くことは困難を極めるでしょう。それよりも、階層の壁を越えて資本家や経営者側に移ってしまうほうが、ずっと現実的に年収をアップさせることが可能です。

「そんなこと言ったって、自分は二世経営者でもないし、ビルも持っていないんだから、どうしようもない」と言う方がいるかもしれませんが、そのような方でも方法はあります。その代表的な方法のひとつは、自分で起業することです。自己資金でスタートした起業家は、オーナー経営者です。たくさん生まれた利益から3000万円くらいを自分の年収にしても、誰からも何も言われません。

ここでまた、「起業なんてハイリスクだ」と思う方も多いでしょう。それは、事業経営に関するスキルや経験を持たずに起業しようとする時の話です。どのようにキャリアをつくっていけば安全に起業することができるのか、本書の中で扱いますのでご安心ください。

外資の壁――外資系企業と日系企業で年収が変わる

2つ目は、「外資の壁」です。

外資系の証券会社に勤めている30歳の営業マンが、年収4000万～5000万円で、六本木ヒルズに住んでいる……。皆さんも一度は耳にしたことがある話かと思います。ちょっと考えると、これもおかしいですよね。日本の証券会社や銀行に勤めている人は、そんなにもらっていません。活躍している人でも、30歳の営業担当で800万～1000万円台前半といったところでしょう。外資系企業と日系企業の間に、だいぶ大きい年収差があるようです。

他の業界に目を向けてみましょう。コンサルティングファームではどうでしょうか。外資系戦略コンサルティングファームと日系の大手シンクタンクを比較してみましょう。外資系戦略ファームでは、中核戦力となる30歳くらいのシニアコンサルタントクラス（マネージャーの下）で1200万円程度の年収となります。一方、日系シンクタンクで同クラスの年収は、700万～800万円程度でしょう。この業界にも、外資系と日系の年収に差があるようです。

では、日本が強みを持つと言われる製造業ではどうでしょうか。外資系の有名な消費財メーカーでは、30歳で年収1000万円を超えているような人も珍しくありません。一方、日本の大手消費財メーカーで年収が1000万円を超えるのは、いったい何歳の頃でしょうか？ 40歳？ 45歳？ しかも最近では、日本の製造業がリストラを行なうことも珍しくありません。なんだかおかしいですね……。

ご覧のように、外資系企業と日系企業の間には、同じ業界の同じ仕事でも年収差がかなりあることがわかります。その年収差には、付加価値を生んでいる人にどれだけ傾斜して配分するかという発想の差やグローバル展開することによる高収益化など、さまざまな要因が考えられます。ただ、いずれにしても概ねこのような傾向があるということは、キャリア設計において重要なポイントになります。もちろん、個別の企業ごとに年収は異なります。必ずしもすべての外資系企業が日系企業よりも年収が高いというわけではありません。あくまでおおよその傾向としてご理解ください。

このように見てくると、年収アップの方法を尋ねてきた経済誌の記者に対して、私が「英語の勉強をするのがいい」と答えた理由がわかると思います。ビジネス英語を使えるようになり、「外資の壁」を越えると、年収アップにつながる可能性が高くなるのです。年に1回の一発勝負となるリスクの高い資格試験に労力を割くよりも、努力した分だけ力がつき、ビジネスレベルに到達すれば年収アップに直結する英語の学習は、英語の勉強が嫌いでない人にとっては、とても魅力的な努力の仕方と言えるかもしれません。

業界の壁――業界によって年収が変わる

3つ目が、「業界の壁」です。

これは比較的イメージしやすいかもしれませんね。就職活動時に、一度は検討している方が多いでしょう。例えば、同じ大手の日系企業でも、製造業より都市銀行のほうが給料が高く、総合商社の給料はさらに高いという傾向があります。

「銀行で融資業務を通じて企業の発展を支援する銀行マンと、世界を飛びまわってビジネスをつくる商社マンはどちらもすごい仕事だけど、まったく違う仕事なので年収が違っても当然なのでは?」と思う方もいると思います。それはごもっともです。

ただ、私がお伝えしたいことは、この話とはちょっと異なります。ほとんど同じスキルセットでほとんど同じ業務を行なうのに、業界によって年収がだいぶ異なっているということなのです。例えば、社内の情報システム担当者という仕事に就いた場合、日系の大手金融機関では30歳で年収800万～1000万円程度となります。それが日系の大手メーカーの社内情報システム部門では、年収600万円程度のことが多いでしょう。人事や経理などの他のバックオフィスの職種も同様に、業界によって年収に大きな差があるのです。スキルはそれほど大きく変わらないにもかかわらず、明確な年収差が生まれています。つまり、人事や経理や社内情報システムという職種に関心があるというだけであれば、業界を選ぶことによって年収をアップさせることができるということなのです。
基本的には、従業員一人あたりの利益が大きい会社ほど、給料が高いという傾向がありま す。大手の金融機関、製薬会社、大手インターネット系企業などもまさにそうです。実際、「外資の壁」と「業界の壁」を掛け合わせた外資製薬業界の年収水準は、非常に高くなっていま す。

「階層の壁」、「外資の壁」、「業界の壁」と3つの代表的な壁についてお話ししてきました。このように「壁」の存在を知ることで、どのような方向に努力をすればいいのかが見えてくると思います。特に意識していただきたいのが、「階層の壁」です。年収面の話だけでなく、世の中にいろいろなことを仕掛けていくチャンスを持てるなど、多くの面で魅力的なキャリアが待っています。

キャリアのプロが注目する業界はどこか？
——選ばれる深い理由

ネクストキャリアを飛躍させる3つの業界に注目する

「プロの目からご覧になって、どんな業界のキャリアに注目されていますか？」

このようなご質問をよくいただきますが、今後伸びそうな業界か否かといったような一般論でキャリア設計を考えるのはあまりお勧めしません。どんな業界、職種であろうと、一流になれば高いポジションや収入が得られます。損得よりも、あくまでご自身の目指すビジョンを実現するのに必要なキャリアか否か、好きか嫌いかという観点で検討することをお勧めしたいと思います。

しかしながら、それでもキャリア設計上、非常に便利な業界・職種がいくつか存在するのは確かです。そこで本項では、キャリア設計のための基礎知識として重要となる、「コンサルティング業界」「金融業界（投資銀行／ＰＥファンド）」「インターネット業界」の概略を紹介します。いずれも、キャリア設計に対する意識の高いビジネスエリートの皆さんに人気の業界でもあります。

ポイントは、在職時のキャリアの魅力はもちろんのこと、ネクストキャリアが飛躍する点にあります。そこには、単なる流行ではない、選ばれる本当の理由が見えてきます。

❖――コンサルティング業界

「コンサルティング」とは、民間企業や公共機関などのクライアントに対して、専門知識に基づく情報収集・現状分析・解決策提案を行なうことでクライアントの問題解決を支援する業務です。コンサルティングを行なう人は、「コンサルタント」と呼ばれています。

一口にコンサルティング会社と言っても、企業の戦略立案を行なっているようなコンサルティング会社もあれば、ＩＴや財務に関するコンサルティング会社などもあり、そのサービス内容は多岐にわたります。近年は、それぞれのコンサルティング会社の担う業務領域の多様化に伴って、明確な境界線もなくなりつつあります。

私がこのコンサルティング業界のキャリアに注目しているのは、業界自体が成長していることや年収水準が高いといった理由ではありません。確かにそのような魅力もありますが、最大のポイントは、「経営課題を解決するという汎用的なスキルを身につけられるため、ネクストキャリアの選択肢の幅が広くなる」という点にあります。

コンサルタントは、若いうちから、さまざまな業界や企業を対象に専門領域の問題解決を数多く経験することができます。業界が異なっても企業は同じような問題に直面していることがよくあり、以前のプロジェクトで考えたアプローチが大いに役立ちます。そのため、コンサルタントは、業界によらずよく起こる問題を解決する能力を身につけて、固有の企業や業界に縛られないキャリアを構築できるのです。また、経営者視点で問題解決を行なうトレーニングにもなるため、事業会社に転身した際には、比較的若い年齢でも役員や事業責任者といったハイポジションに抜擢されることも多くなります。

コンサルティングファーム出身の経営者で、「レポートを書いてばかりいて、コンサルタントの経験は実践では活きなかった」と言う人もいます。しかし、これは少し以前のコンサルティングファームでの仕事の話です。最近では、クライアント企業も実践的で即効性のある支援を求めてきますから、多くのコンサルティングファームが戦略立案だけでなく、実行支援まで踏み込んで行なっています。クライアント企業の経営者（暫定ＣＯＯなど）として改革をリードすることも珍しくありません。そうなれば、まさに経営者の修羅場そのものをくぐり抜けることが求められます。実際、私が在職していたシンクタンク（現・三菱ＵＦＪリサーチ＆コンサルティング）の戦略コンサルティング部門も、かなり深く実行支援まで踏み込んでいました。例えば、新規事業立ち上げのコンサルティングでは、新サービスをクライアントと一緒に開発することはもちろんのこと、クライアントと一緒に新規営業を行ない、受注してビジネスが回るまで支援していました。このような経験は当然、起業する際にストレートに役立ちます。

また、著名なコンサルティングファームやシンクタンクでは入社の難易度は非常に高くなりますが、難易度がそれほど高くない小さなコンサルティングファームもあります。そのため、いろいろな方がチャレンジすることができて、前述のようなたいへん役立つ経験を積むことができるのも大きな魅力です。

それでは、ここでコンサルティング会社を仕事内容や特徴で分類して説明したいと思います。

▼戦略系――オールラウンドの経営参謀として大企業を支える

戦略系コンサルティングファームは、さまざまな業界の大企業を対象に、主に戦略立案、M&A、業務改善、組織改革などを支援しています。この領域のコンサルティング経験を積むことで、外資系事業会社をはじめとする大手企業の経営企画部門、マーケティング部門やファンド、投資銀行など、幅広い業界・職種へ転身することが可能です。ワールドワイドな拠点を持つ外資系コンサルティングファームが多く、マッキンゼー、ボストン コンサルティング グループ（BCG）、ベイン・アンド・カンパニー、A・T・カーニーなどが代表的な存在です。

▼業務・IT系――〝企業変革の切り札〟となるITで経営課題を解決する

業務・IT系コンサルティングファームは、業務改善、IT戦略、ERP導入、SI、BPOなど、業務・ITに関わる経営課題の解決を幅広く手がけています。また、業務・IT系で戦略コンサル部門を持つファームは、総合系コンサルティングファームとも呼ばれています。担当してきた領域によってネクストキャリアも異なりますが、さまざまな業界の経営企画部門やマーケティング部門、情報システム部門等への転身が可能です。代表的なファームとして、アクセンチュア、デロイト トーマツ コンサルティング、プライスウォーターハウスクーパース、アビームコンサルティングなどが挙げられます。

▼シンクタンク――専門的な立場で企業戦略から政策立案まで幅広く提案する

シンクタンクは、政府や企業などから委託された特定課題を検討し、専門的な立場から政策や企業戦略のあり方を提案する機関です。大手のシンクタンクは、経営コンサルティング部門（戦略、業務、組織人事）、ITコンサルティング部門、官公庁向けのリサーチ部門（政策に関する調査・提言）、エコノミスト部門などを併せ持ち、民間企業・公的機関をクライアントとして、多岐にわたる業務領域をカバーしています。近年は、日本企業の海外進出を支援するプロジェクトも増えています。また、メガバンクや大手証券会社などを親会社に持ち、大手企業グループのネットワークを活かした強い営業チャネルを有することも特徴的です。担当してきた領域によってもネクストキャリアは異なりますが、さまざまな業界の経営企画部門やマーケティング部門、情報システム部門等への転身が可能です。代表的なシンクタンクとして、三菱総合研究所、野村総合研究所、三菱ＵＦＪリサーチ＆コンサルティング、日本総研などが挙げられます。

▼財務系――〝企業の生命線〟となる財務の知見でクライアントを支援する

財務系コンサルティングファームは、財務会計・税務アドバイザリーをはじめ、Ｍ＆Ａ、企業再生、係争分析、不動産投資のスキーム作成、売買譲渡手続き支援など財務まわりのコンサルティングサービスを幅広く展開しています。一部のファームでは、戦略コンサル部門を抱えることで、戦略から財務まで一気通貫してサービスを提供するケースも見られます。

また、財務系ファームは、戦略系ファームがあまり手がけないバランスシートの改善ノウハウを豊富に持つことも特徴的です。この領域でのコンサルティング経験を積むことで、事業会社の財務部門への転身はもちろんのこと、ファンドや投資銀行などの金融機関への転身も可能になります。デロイト トーマツ ファイナンシャルアドバイザリー、ＥＹトランザクション・アドバイザリー・サービスなどが代表的な企業です。

▼組織人事系――複雑化する〝人と組織の問題〟を解決する

組織人事系のコンサルティングは、企業や公的組織を対象に人事戦略や制度設計の支援を行ないます。最近では、組織風土改革や人材開発、タレントマネジメントなどのコンサルティングも行なっています。また、日系企業の海外進出に伴って、海外子会社の風土改革や行動変革などのプロジェクトが急増しています。この領域のコンサルティング経験を積むことで、幅広い業界の人事企画部門へ転身が可能になります。特にグローバル化する日本企業においても、引く手あまたとなっています。主要な企業としては、タワーズ・ワトソン、ヘイコンサルティンググループ、マーサーなどが挙げられます。

▼マーケティング・ブランド系――顧客や社員の〝認知〟を鮮やかに変える

マーケティング・ブランド系コンサルティングファームは、マーケティング戦略やブランド戦略の立案から実行支援までをトータルで支援しています。企業のブランドコンセプトを策定するだけでなく、実行支援フェーズでは、ロゴやネーミング、パッケージデザイン、映像などクリエイティブコンテンツの制作まで手がけることもあります。昨今では、日本企業の海外進出に伴って、グローバルにブランドをどう浸透させるかという案件が増えてきています。この領域でのコンサルティング経験を積むことで、事業会社のマーケティング部門や社内にブランドを定着させる社内広報などへの転身が可能です。インターブランドや博報堂コンサルティングなどが代表的な企業です。

❖——金融業界（投資銀行・PEファンド）

続いては、金融業界です。特に、投資銀行とPEファンド（プライベート・エクイティー・ファンド）の業界が注目されます。

その背景には、企業の経営戦略においてM&Aが極めて重要になっているという現状があります。近年では、国内企業の買収にとどまらず、海外進出で現地企業を買収するケースも多くなっています。それに伴って、社内にM&A部門を持ち、M&A戦略の立案から実行まで行なうことのできる投資銀行出身者やPEファンド出身者を社内に抱えようとする企業が増えているのです。この動きは大企業だけでなく、キャッシュリッチな成長企業でも見られ、今後もその動きは増えると予想されます。

また、PEファンドでは、20代や30代前半といった若いうちから投資先企業の取締役として経営に参画する機会もあります。若い頃から経営者としての経験を持った人材となれば、さまざまな企業の経営幹部に抜擢されるチャンスも広がります。

さらに投資銀行やファンドの業界は年収の高さが際立っており、短期間で一気に資金を貯めて独立起業に転じることも十分可能です。20代、30代で、これほどまでに高い年収を得られる業界は他に類を見ないでしょう。キャリア設計の観点からは、単にお金を稼ぐためにということではなく、まとまった資金を短期間でつくって自身の活動のスタートアップに活かすという点で注目されます。

ただし、投資銀行についてはさまざまな部門があるため、どの職種に就くかによってネクストキャリアが変わってくるということに注意する必要があります。前述のとおり、事業会社は投資銀行出身者を求めていますが、それは〝投資銀行の中の投資銀行部門〟の出身者を指しています。他の部門で金融業界固有のスキル（トレーダーや金融商品開発など）に精通した人材になった場合、一般の事業会社ではそれほど高いニーズはありません。

ここで、投資銀行とＰＥファンドを概観しておきます。

▼投資銀行――財務戦略・M&A戦略で企業を支える

投資銀行は、Ｍ＆Ａの仲介や有価証券の売買によって利益を得る金融機関です。企業を対象に資金調達や財務戦略アドバイスを通じてＭ＆Ａを行なう投資銀行部門、投資家を対象に証券の売買を行なう株式部門・債券部門・株式調査部門から構成されています。

日本では、１９９０年代以降、米系投資銀行を中心に高度な金融技術を武器に複雑な合併案件や巨額の資金調達の財務アドバイザーとして躍進しました。２０００年代に入ると、その高額な年収水準が一般にも知られるようになり、東大をはじめとする名門大学の学生に就職先として人気を博しました。リーマンショック後、大手投資銀行は商業銀行の傘下に入り、リストラを経ながら態勢を建て直しています。特にM&Aを行なう投資銀行部門の出身者は、事業会社の経営企画や財務部門などへ転身することも珍しくなく、ネクストステップのキャリアの選択肢が幅広い点でも魅力があります。代表的な企業としては、ゴールドマン・サックス証券、UBS証券、JPモルガン証券などがあります。

▼PEファンド――豊富な経験と見識で投資先企業を建て直す

PEファンドは、企業を買収し、経営陣を派遣するなどしてバリューアップすることでリターンを得る事業です。非上場会社を投資対象とし、バイアウトファンド、企業再生ファンド、ベンチャーキャピタルなどがそれに該当します。PEファンドは、投資先企業を最終的に売却することでリターンを得ています。投資先企業を売却した際に得られる収益から担当者へ分配される成功報酬はキャリーボーナスとも呼ばれ、非常に高額なことで知られます。また、投資先企業の株主という立場になるため、若いうちから取締役として経営に参画することも珍しくなく、経営者人材にとってはたいへん貴重な機会が得られるという点でも注目されます。代表的なPEファンドとしては、カーライル・グループ、コールバーグ・クラビス・ロバーツ（KKR）、ベインキャピタルなどがあります。

❖——インターネット業界

最後に、インターネット業界です。特に経営企画部門やマーケティング部門、事業責任者など、事業推進に関わるキャリアに注目しています。

インターネット業界は、今後もさらなる成長が予想されます。そのため在職企業内での年収アップや高いポジションへの昇進機会の増加も期待できるでしょう。また、業界そのものが発展することによって、業界内の他企業で魅力的な転職機会が増えることにもつながります。

さらに、インターネット業界外への転身の豊富なチャンスも注目されます。現在、一般の業界においても、デジタルマーケティングへの対応が求められています。また、企業が新規事業を立ち上げる際、多くの場合、インターネットビジネスの立ち上げが検討されます。しかしながら、一般企業の中にはネットビジネスの経験者がほとんどいないため、即戦力となる経験者をインターネット業界から採用せざるを得ません。このため、さまざまな業界においてネットビジネスの経験者が求められており、好待遇で迎え入れられています。ネットビジネスの経験者は、業界外に出る際も幅広い選択肢を持ち、たいへん有利な立場となっているのです。

インターネット業界のキャリアは、この他にもさまざまな魅力を持ちますが、詳細は別章で解説します。

なお、一口にインターネット業界と言っても、さまざまな企業があります。具体的には、EC事業を主体とする大手総合サービス企業、ゲーム・エンターテイメント系でサービスを提供する企業、医療・ヘルスケア領域でサービスを展開し、医療業界の改革や高齢化など日本が抱えている社会問題の解決にダイレクトにインパクトを与えている企業もあります。また、料理レシピサイトを展開する企業、商品比較サイトや口コミのグルメサイトを運営する企業、ネット生保を提供する企業など、圧倒的な利便性と低価格を武器として、いまや生活の中に欠かせないサービスを展開するインターネット系企業も多々見られます。そのような企業に身を置いてマネジメントの一翼を担うことに大きなやりがいを持つ方も増えています。

転職は何歳までにすればいいのか？

——年齢の都市伝説

転職に年齢制限の固定ルールはなかった

35歳を過ぎると転職が困難になるという「35歳限界説」を耳にした方も多いと思いますが、

これは本当なのでしょうか？

確かに一般的には、「年齢が高くなると転職は難しくなるという傾向はあります。しかし、「何歳だと、転職にどのような影響が出るのか？」ということについては、いくつかの要素が混ざり合っていて一概には語れません。実際、私がキャリアのご支援をさせていただいた方を見ると、30代後半で転職された方はもちろんのこと、40代どころか50代でもキャリアアップの転職を実現された方が多数いらっしゃいます。持っているスキルや応募する企業や業界によって、転職の年齢に対する考え方も異なるのです。ここでは人材市場の最前線の立場から、転職における年齢事情について解説してみたいと思います。

まず、転身を志望する領域において未経験者なのか、即戦力人材なのかによっても、年齢制限は大きく異なります。例えば、外資系の戦略コンサルティングファームの場合、戦略コンサルの経験がない人＝未経験者は、35歳くらいまでであれば中途採用で十分チャレンジ可能です。しかし、それを超えてしまうと一気にハードルが上がり、入社がかなり難しくなります。一方、戦略コンサルの業務経験を持つ即戦力人材であれば話はまったく異なります。豊富な戦略コンサル経験を持ち、営業にも力を発揮してくれる人については、たとえ50代の方でも喜んで採用される可能性があります。実際、私たちの会社でも、パートナーと呼ばれる幹部クラスの転職のご支援をよく行なっています。ジュニアクラスよりもコンサルティングファームの経営に与える影響が格段に大きいため、企業側もむしろシニアクラスの採用に積極的です。

次に、採用ポジションによっても、年齢に対する考え方は当然異なります。事業会社の経営幹部クラスの採用の場合、年齢が若いというだけでNGになるケースもあります。「40代半ばの部下がいるので、その上司となる事業責任者のポジションは50代の方が望ましい」というような依頼を受けることは珍しくありません。つまり、ポジションによっては年齢が高いほうがいいということさえあり、35歳限界説という話が荒っぽい都市伝説に過ぎないことがわかります。逆に、スタッフクラスのポジションの採用では、40代や50代の応募が不利になることがあります。いくら経験や実力があり、年収が低くても構わないと本人が言ったとしても、シニアの方を採用すると上司が扱いづらいということなどから難しいという判断になることもあるのです。ただ、年齢が高い部下はマネジメントしづらく、年齢が低い部下はマネジメントしやすいという話に対して、私個人としては大いに疑問を感じています。まさか、自分より年齢が低い部下には無茶を言ってもいいということではないでしょう。年齢が高く、人としても成熟している部下の存在は、むしろたいへんありがたいものです。

業界によっても、年齢に対する感覚が異なります。前述のように経営幹部は50代以上がいいと考える会社もある一方で、30代の経営者が多いインターネット系の業界では、40代だとすでに年齢が高いという反応をする企業も珍しくありません。そのため、30歳くらいのコンサルティングファームの出身者が事業会社の経営幹部ポジションに転職する際、一般の事業会社だと難しいが、インターネット系成長企業であれば役員として問題なく登用されるなどということが起こります。

なお、一般的には年齢が高くなると、在職企業での年収が高くなります。このため、転職する際にも本人が高い年収を希望するようになり、結果的に転職先にふさわしいポジションが少なくなるということが起こります。これも、年齢が上がると転職が難しくなると言われる理由のひとつです。しかしこの点については、あくまで本人の考え方次第であることがポイントです。目先の収入にこだわらず、本当にやりたいことを選ぶことができるのであれば、現在の年収の高さは障害にはなりません。

このように年齢が転職に及ぼす影響はさまざまな要素が混ざり合っており、プラスに働くこともあればマイナスに働くこともあり、一概に語ることはできません。むしろ、ご自身の年齢の活かし方を考えることが大切だと思います。ただし、年齢のことは気にせず、気が向いた時に転職を考えればよいということでは決してありません。転職においては、年齢が若いほうがさまざまなメリットがあるのは確かなのです。

若いうちからキャリアをつくるのが王道

これらのポイントを踏まえながら、転職における年齢事情に関して、私からのメッセージをまとめてみたいと思います。

まず、新しい領域にキャリアチェンジしたいと考えている若い方は、ぜひ早めにチャレンジされることをお勧めします。年齢が上がるほど、「即戦力人材であること」「短期間で成果を出すこと」が求められるようになります。したがって、職務経験がない領域にポテンシャル採用での転身が受け入れられる可能性は、毎年下がっていくということになります。

また、人材市場の市況を活用するためにも、若いうちから適切にキャリア設計しておくことが大切であるということをお伝えしたいと思います。転職活動において、「人材市場の市況」は、その成否を握る極めて重要な要素です。企業側の採用意欲が高い時には受かりやすく、年収やポジションなどでいい条件（年収・ポジション）を獲得しやすくなります。逆に、採用意欲が低い時にはなかなか受からず、いい条件も出にくくなります。いわゆる「実力」とは無関係だということがミソです。しかしながら、実際には合否に極めて大きなウェイトを占めるため、この事実を知ってキャリア設計をするか否かで、後のキャリアが大きく変わってしまいます。

例えば、戦略コンサル未経験者の33歳の人が、戦略コンサルタントになろうと考えていたとします。しかし、「まだ35歳までに余裕があるから、外資系のコンサルティングファームに行く前に、英語力をもう少し身につけておこう」などとのんびりしていると、危険なことが起こるかもしれません。ここ10数年間を見ても、人材市場の市況は数年ごとに目まぐるし

年齢によって転職時のメリットが変わる

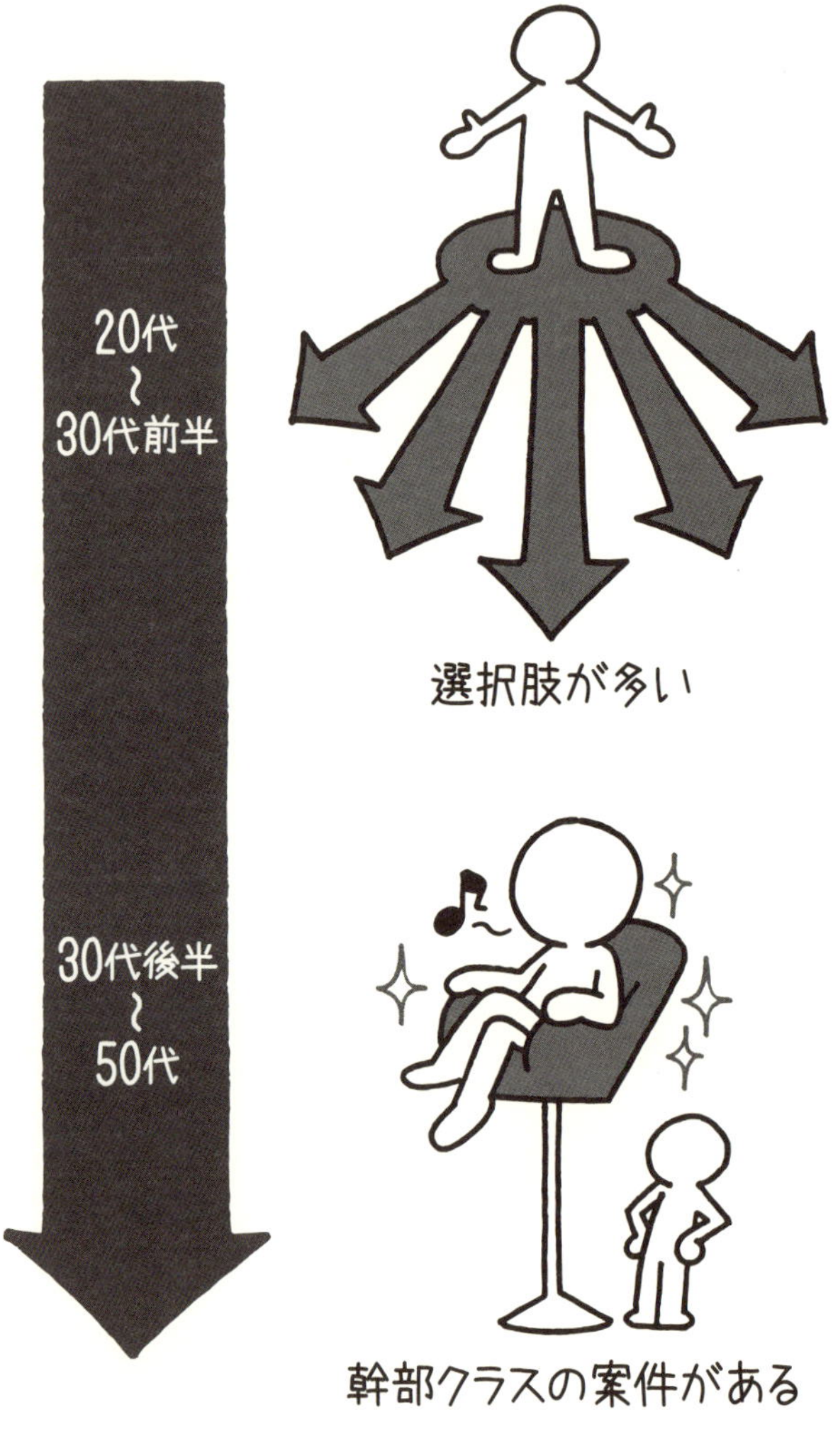

く変化しています。仮にリーマンショックのようなことが起こり、市況が悪くなってしまえば、3年程度、人材市場は冷え込むでしょう。そうなると、再び人材市場がよくなった頃には36歳。戦略コンサル未経験者がチャレンジ可能な一般的なラインである35歳を超えることになります。こうなってしまうと、キャリア設計を根本から見直す必要が出てしまいます。だからと言って、市況が冷え込んでいるタイミングで転職活動をしても、あまりいい結果は得られません。市況がいい時に動いてキャリアを飛躍させる。市況が悪い時は動かない。〝市況を味方につける〟ためにも、余裕を持って、早め早めに動いておくことが大切なのです。

最後に、早くから自分に必要な経験を積んだほうが、より早く自分の望む人生を実現しやすくなるということをお伝えしたいと思います。もちろん、どんな経験でも心がけ次第で自身の糧とすることはできるでしょう。「経験を無駄にしない」「何とか糧にする」という姿勢はとても大切だと私も考えています。しかし、だからと言って、重要度が低い経験でもいいということにはなりません。重要度の低い経験を積んでいる間に、より重要度の高い経験を積むチャンスを失っているのは事実です。何歳の人にとっても、早めにキャリア設計を行ない、実現に向けて動き出すことが大切なのです。

女性のキャリア設計はどうすればよいか？

――高い不確実性に備える

女性のキャリアには不確実性が伴う

ここ3、4年、私が経営する人材紹介会社では、女性からのキャリア相談が増えています。注目されるのは、財閥系の大手企業に勤めるとても優秀な方が増えてきているということです。社内の先輩の女性が苦労しているのを見て、キャリア設計を見直したいという相談をいただきます。

実は、女性のキャリア設計は、男性とは少し違う観点が必要になってきます。それは、「女性は出産や育児をしやすい安定した大手企業を選ぶべき」といった単純な話ではありません。出産・育児、パートナーの転勤、親の介護など、まだまだ日本の社会ではプライベートの影響によって女性のキャリアは変化を余儀なくされることが多く、この高い不確実性が女性のキャリア設計を複雑にしています。勤務先の会社を離れざるを得なくなることも珍しくありません。そのため、再就職が可能となるように、女性は人材市場で評価される「明確な売り」

を若いうちから意識して身につけておくことが男性以上に大切なのです。

「育休・産休をしっかり取れる日系の大手企業こそが、女性が勤めるべき企業だ」という印象を持つ方もいらっしゃると思います。しかしそれは、継続的な勤務が可能という前提がある場合の話です。実際には、ハイレベルな職場において、フルタイムの仕事と育児の両立はたいへんです。ましてや子供が二人、三人となれば、自身や夫の親世代のサポートなしに実現するのは難しいかもしれません。育児のために数年間、仕事から離れることもあるでしょう。また、親の介護やパートナーの転勤などで、どうしても辞めざるを得ないことも往々にしてあります。

若いうちから明確な売りを身につける

日系大手企業の総合職として活躍していた優秀な女性が、数年間のブランクから復帰しようとする時に、転職活動で苦戦するケースは珍しくありません。これは、ゼネラリストとして育成されてきていることと関係があります。例えば、経理と人事と営業をそれぞれ2年ずつ計6年間勤務して、ブランクが数年ある30代前半の女性がいたとします。経理として採用する側の立場になると、2年の経験しかないジュニア人材の採用という扱いになります。人事として採用しようとする場合も同様です。採用側としては、年齢と経験のバランスやブランクがあることを考えると、第二新卒を採用したほうがよいという判断になってしまうわけです。

一方で、40代、50代となっても外資系企業の幹部として、活躍されている女性の相談者が、私たちの会社にはたくさんいらっしゃいます。若いうちに特定領域で「明確な売り」となるスキルを身につける。その後は専門性をほとんど変えずに、経験・スキル・ネットワークが積み重なるようにする。とても上手にキャリアを設計している方が多いように思います。このような〝強みを伸ばし続ける〟キャリア設計は、慣れ親しんだ仕事を繰り返すことになるので、仕事に大きな負荷がかからず、プライベートとの両立もしやすいという大きなメリットもあります。

もちろん、在職している企業で、一時的な短時間勤務や在宅勤務のような融通を利かせた働き方ができれば、それに越したことはないでしょう。ただ、このような柔軟な仕組みを持つ企業は、現在は残念ながら稀少です。しかし、その女性が〝辞められては困る〟代替不能なスキルを持っていれば話は別です。会社側が譲歩して、特別な勤務形態を許容するケースも見受けられます。辞められては困るほどの「明確な売り」は、大きな強みとなるのです。

なお、明確な売りをつくることはとても大切ですが、同時にキャリア全体の方向を縛る要素でもあります。自身の専門分野を選ぶ際には、長期的な視点を持って、ぜひ慎重に選んでいただきたいと思います。少々の年収差や会社の知名度やブランドなどで、あまり好きでもない領域を選んでしまうと、楽しくない仕事をずっと続けていくことになってしまいます。せっかく働くことはできても、仕事がつらいという事態に陥ってしまい、本末転倒です。また、特定業界のみで求められる特殊なスキルよりも、さまざまな業界で必要とされるスキルを身につけるほうが安定度は増す傾向があります。

本項では、「女性は転職できるようにキャリアを設計していただいたほうがよい」というお話をしましたが、最近では、男性でも40代くらいから親の介護をするために離職せざるを得なくなることも珍しくありません。「親の介護のために1、2年間仕事から離れていたが、再就職したい」という相談も数多くいただきます。転職に備えて「明確な売り」をつくってきた方は再就職も比較的スムーズに叶いますが、そのような準備をしてきていない方は、年齢との兼ね合いで苦戦するケースが多く見られます。いまの時代、キャリアの不確実性が高いのは女性だけではなく、男性も同様なのです。

出身大学はどのくらいキャリアに影響するのか？

――改めて目的に立ち戻る

出身大学でチャレンジできる業界や企業は変わる

出身大学や学歴は、確かにキャリアに影響を及ぼします。

「出身大学と仕事のできる、できないは関係ない」とおっしゃる方のご意見はもっともだと思いますし、実際、仕事内容によってはまったく関係ないでしょう。しかしながら、多くの方がご存じのように、実際の採用では出身大学が少なからず影響を及ぼしています。例えば、旧財閥系の都市銀行、保険会社、総合商社をはじめとする大手企業や大手コンサルティングファーム、大手シンクタンクなどのプロフェッショナルファームでは、名門大学出身者を中心とした採用が行なわれています。

ここでは、出身大学に特に高いハードルを設けていると言われる外資系戦略コンサルティングファームを題材に、「出身大学」と「キャリア」の関係を考えてみましょう。

外資系戦略コンサルティングファームでは、国内の大学で言うと、東大・京大・一橋大・

東工大・慶大・早大の卒業生を主な対象としており、あとは旧帝大や神戸大などの名門大学でどうかというような採用を行なっています。さすがに、ここまで高いハードルを設ける業界は珍しいと思います。しかし、どのあたりにハードルを設置するかは別として、また、それが適切であるかどうかは別として、出身大学によってチャレンジできる業界がある程度限定されることがあるのは事実です。

名門大学出身でなくても選択肢を広げられる

それでは、東大などの名門大学を出ていない人が、外資系戦略コンサルティングファームに行きたいと思った場合、どうすればよいのでしょうか？

少々たいへんですが、この問題を真っ正面から解決する方法もあります。それは、海外の有名ＭＢＡ（経営学修士号）を取得することです。実際、前述のような名門大学の出身者でなくても、海外のＭＢＡトップ校を修了して、外資系戦略コンサルティングファームに転身した方もいらっしゃいます。なお、すでに日本の名門大学を卒業している方は、ＭＢＡを取得しなくても問題なく外資戦略コンサルへチャレンジが可能です。

ただ、海外の有名ＭＢＡを取得しにいくのは容易ではありません。高度な英語力はもちろんのこと、ＧＭＡＴ（Graduate Management Admission Test：ＭＢＡ応募時に受験する分析的能力、言語的能力、数学的能力などを測るための試験）をはじめとする筆記試験やエッセーの作成など、合格するまでの準備にかなりの努力が必要です。また、留学費用と留学期間2年間の生活費などを合わせると、2000万円近くの費用がかかります。そこに滞在期間中に働くことができない機会損失と合わせると、3000万円はかかるという投資になります。それでも貴重な経験とキャリアのためにチャレンジするという方もいると思いますが、現実的にその選択ができない人も多いことでしょう。

出身大学に悩む前にキャリアの目的に立ち戻る

ここで改めて考えてみると、そもそも何のために外資系戦略コンサルティングファームに行くのでしょうか。思考が行き詰まったら、目的に立ち戻ってみることです。「マッキンゼーに入るのが人生の目的なんです」という人はほとんどいないでしょう。概ね、次のような理由の方が多いのではないでしょうか。

（1）企業への経営支援に関心がある
（2）経営に関する経験を積み、将来、事業会社の経営者または起業家になりたい
（3）高い収入を得たい

目的に立ち戻れば、新たな選択肢が見えてくる

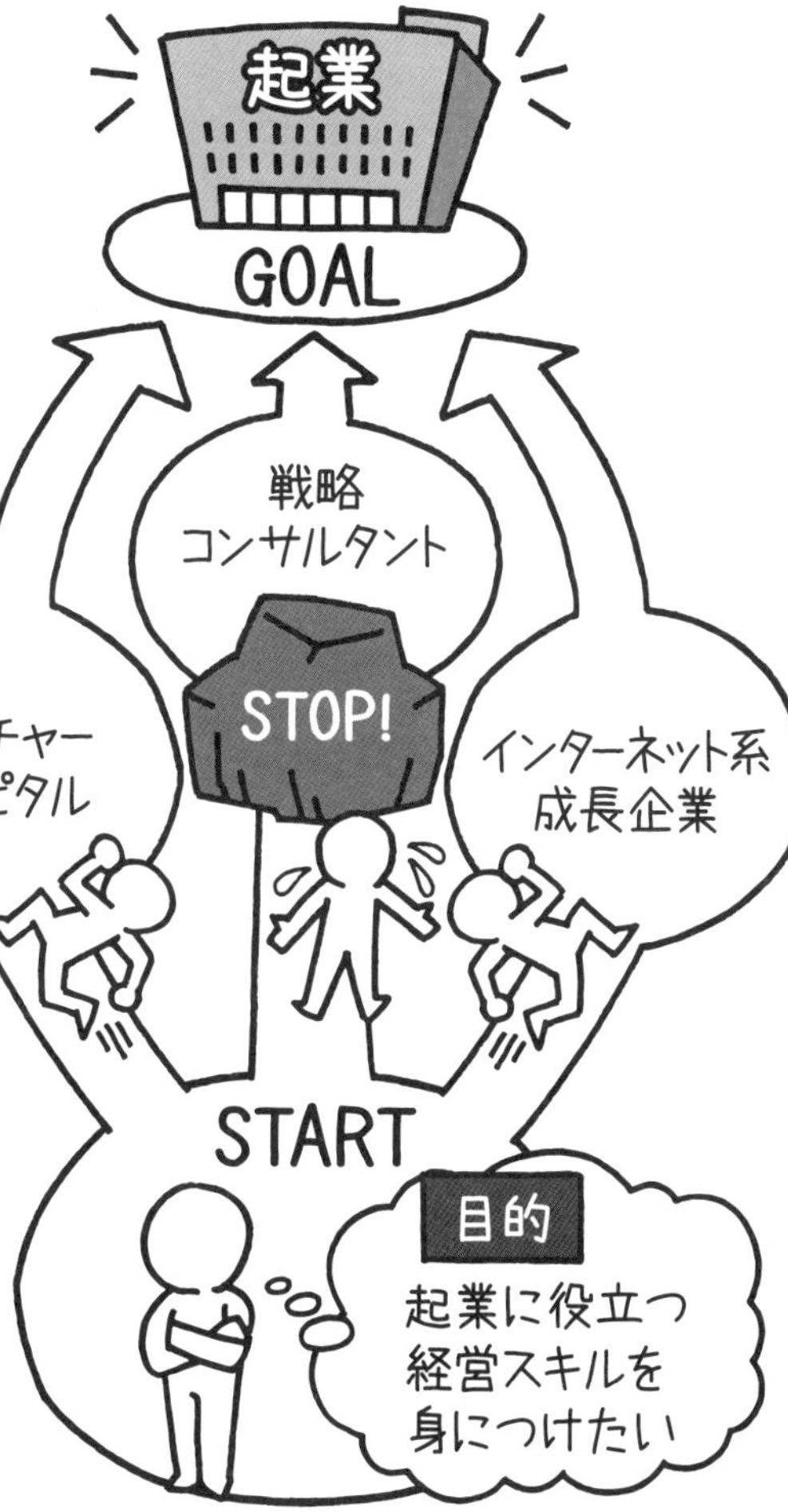

理由が（1）であった場合、出身大学にうるさくないコンサルティングファームは他にもたくさんあります。例えば、総合系と言われる大手コンサルティングファームでは、そこまで門戸は狭くありません。しかも、著名な戦略コンサルティングファームを買収する会社まで存在し、今後のコンサルティング業界の中核を担うと注目されています。

理由が（2）であった場合、前述のような他のコンサルティングファームに行っても、同様の経験を積むことができ、経営者としてのキャリアが開かれます。また、これからはインターネットビジネスに関する見識を持った経営者人材が必要とされることから、コンサルティングファームではなく、インターネット系の成長企業へ行くという選択肢もあり得るでしょう。特に、起業したいという方であれば、場合によってはそのほうが近道かもしれません。また、起業を目指すのであれば、ベンチャー企業の経営に関する経験を積むためにベンチャーキャピタルをはじめとするベンチャー企業支援の業界に行くという手もあります。これらの業界では、外資系戦略コンサルティングファームほど出身大学にうるさくありません。

理由が（3）であった場合、高い年収を得ることができる仕事は、外資系戦略コンサルティングファームだけではありません。仮に、未経験で外資系戦略コンサルティングファームへ入社した場合、30代前半で１２００万円程度の年収となります。確かに一般的に言えば高い収入ですが、このような水準の収入を得る方法はいろいろとあります。詳細は、別項でお伝えしますが、自身の強みを活かしてそのような収入を得る方法を模索することもできると思います。

このようにキャリアの目的に立ち戻って俯瞰してみることで、目指すキャリアを実現する方法はいろいろ見つかるものです。何も無理矢理、出身大学にうるさい業界に行く必要はありません。仮にご自身が名門大学出身でなかったとしても、それを悩みとするのではなく、人材市場でどのように判断されるかを知り、上手にキャリア設計するためのひとつの材料としていただければと思います。なお、どの程度出身大学を重視するかは業界によっても会社によっても異なりますので、詳細については人材紹介会社のキャリアコンサルタントに相談していただくのがよいと思います。

英語力はどのくらい必要か？

――見切り千両

やはり英語力があると転職で有利になる

相談者 「やはり英語の勉強はしておかないとダメですよね？」

私 「やっておいたほうがいいとは思います。英語ができると、かなり有利なのは確かですから」

相談者 「やっぱり、そうですよね……」

私 「でも、必須ではないですよ」

相談者 「えっ!? 必須ではないんですか？」

私 「ええ、それもあくまでキャリア設計次第です」

英語力は、ご相談者との面談でよくご質問いただくテーマのひとつです。「現代のビジネスパーソンには、英語力は必要不可欠」と言われています。最近では、「これからは中国語も必要」とも言われはじめています。ここでは、本当のところ、人材市場においてどの程度の英語力が重視されているのか、キャリア設計上どのように考えればいいかについてお話ししたいと思います。

結論から申し上げますと、現代の人材市場においては、英語力があるほうがかなり有利になります。

何十年も前から、グローバル化の流れの中で「ビジネスパーソンには、英語力が必要になる」と言われ続けてきました。しかし、実際の転職市場において、英語力をＭＵＳＴとする企業は外資系金融機関や外資系事業会社など一部の会社に限られていました。外資系のコンサルティングファームですら、英語力不問で採用している企業のほうが圧倒的多数を占めていました。日系の事業会社であれば、なおのことです。英語力が強く求められるようになったのは、実はここ数年のことなのです。特に日本市場の存在感が世界の中でどんどん低下し、日本の大企業だけではなく中堅・中小企業もが海外進出せざるを得ないという状況になり、企業が本格的に英語力を求めるようになりました。いまでは、ベンチャー企業ですら、創業間もない頃からグローバル展開を見越して事業計画を立てることが珍しくありません。日系企業が海外進出する際、社内に英語環境でビジネスを進められる人材が圧倒的に不足していることから、英語ができる人を優先的に採用せざるを得なくなっています。

以前であれば、日系企業の採用において、職務経験や能力のほうが語学力より優先され、英語ができる「だけ」の人はあまり高い評価を得られませんでした。しかし現在では、英語ができる人を優先的に採用する企業が増えてきました。英語ができれば、職務経験や能力の評価がそれほど高くなくても採用するというように、優先順位が逆転する現象が起きてきています。採用ニーズが高いため、英語ができる人の年収は必然的に高くなる傾向があります。機会の多さ、提示条件ともに有利なのです。

英語が苦手な人は「捨てる」という選択肢もある

それでは、どの程度の英語力があれば、人材市場で十分と判断されるのでしょうか。応募企業にもよりますが、TOEICで言うと、800～850程度あればビジネスで使えると判断されることが多いようです。もちろん、TOEICの点数そのものよりも、実際にビジネスで使えるか否かが重要ですし、英語面接で問題なくやりとりできることが大切です。つまり、一般的に言えば、ハイレベルの英語力が求められているということになります。

「でも、英語は嫌いなんだよな」という方もいると思います。そういう方はどうすればいいのでしょうか？

結局のところ、英語力というものは、中途半端に身につけていてもキャリア上はあまり意味がありません。もし、ビジネスで使える水準に到達する見込みがないのであれば、投入する時間がもったいないと言えます。思い切って英語は捨てて、他の分野に時間を投入するというのも有力な考え方です。仮に、英語が大嫌いな人が精一杯努力して、どうにかTOEIC600に到達したとしても、実際の仕事ではほとんど使えないと思います。おそらくキャリア上の選択肢もほとんど差が出ないでしょう。

英語学習の注意点は、ビジネスレベルに到達するまでに膨大な時間がかかるということです。英語をすっかり忘れてしまったという人であれば、ビジネスレベルに到達するまでに、2000〜4000時間程度かかるのではないでしょうか。毎日2時間ずつ勉強しても、3〜6年かかる膨大な時間です。やるならやりきる。やりきる自信がないなら、他のスキルを磨くのに時間を割くほうが効率的でしょう。そもそも日本国内で完結する仕事がすべてなくなるわけではありません。それに自分が英語を使えなくても、英語ができる人と一緒に仕事をすれば問題はありません。好きな領域のスキルを磨き、そのスキルで高いポジションに就いておく。そこでもし英語が必要になったら、自分の部署に英語を使える人材を採用して協力してもらえばいいわけです。

かく言う私も、英語学習を早い段階で放棄しました。中高時代から英語の勉強が大嫌いだったので、かなり早い段階から見切りました。大学入試の段階から英語を捨てていました。もし、私のような人間が、嫌々、身につくかどうかもわからない英語を習得するために何千時間も注ぎ込んでいたら、経営に必要なスキルを身につけるのに十分な時間を割くことができず、起業への道は閉ざされていたかもしれません。

もちろん、英語を勉強するのが楽しい、嫌いじゃないという人は、ぜひ英語の勉強をしていただきたいと思います。ただ、英語が苦痛で仕方ないという人が無理矢理やる必要はないでしょう。他の道もあるということを知って、気楽に考えていただければと思います。「やるならやる」、「やらないならやらない」と決めて、人生の貴重な時間を無駄にしないよう、資格試験と同様に資源配分には気をつけてください。

第3章

あなたの「常識」は間違っているかもしれない

——陥りがちなキャリアのワナ

弱点をなくそうとする
〝丸いキャリア〟のワナ

まじめな人がつくる〝丸いキャリア〟

転職の相談にいらっしゃる方々のお話を聞いていると、あらゆるスキルを満遍なく伸ばそうとする〝丸いキャリア〟をつくろうとする人が少なくないように思います。「ここが弱いから、まずこれを補強して、次にここを補強して……」というように、あらゆる分野について〝80点ずつ取る〟キャリアをつくっていくパターンです。各分野のスキルレベルをレーダーチャートで表わすと、デコボコが少ない形になるため、〝丸いキャリア〟と呼んでいます。このようなキャリアをつくろうとされる方には、まじめなしっかりとした人が多いように見受けられます。

「経理・財務まわりのスキルはそれなりに身についた。しかし、マーケティングや戦略立案に関する知識は不十分だ。次はマーケティングの勉強ができる会社に入ろう。経営幹部は組織のこともわからなければいけないので、人事の経験も必要だろう。最近は、英語でビジネスもできないといけないから海外事業の経験も必要だな……」。このような具合に、丸いキャリアをつくる人たちは、弱点をなくそうとさまざまなスキルを満遍なく同じくらいのレベル感まで育てて総合点を高めようとしています。

このやり方は、大学受験までは有効です。入試は個人戦による合計点勝負ですから、受験科目の全科目で満遍なく点を取れるほうが受かりやすいという傾向があります。1科目で全国トップクラスの成績だったとして、苦手科目が2つも3つもあったのでは合格はおぼつきません。また、どんなに得意科目ができても、満点以上の点数を稼ぐことはできません。その結果、1科目で100点を取るという作戦よりも、全科目で80点取るという作戦のほうが受かりやすいのです。大学入試では、確かに満遍なくできるほうが評価される仕組みになっていました。

ビジネス界では尖ったキャリアが評価される

しかし、ビジネスの世界では違います。チームや組織で動いていますので、個人の弱点は他の人が補えばよいわけです。例えるならば、団体戦で大学入試に臨み、チームメンバーそれぞれが得意科目を分担して問題を解いているようなものです。そのため、中途半端な丸いキャリアは評価されず、突出したスキル・能力こそが高い付加価値を生むと判断されます。

平凡な丸いキャリアより、明確な売りを持つ尖ったキャリア

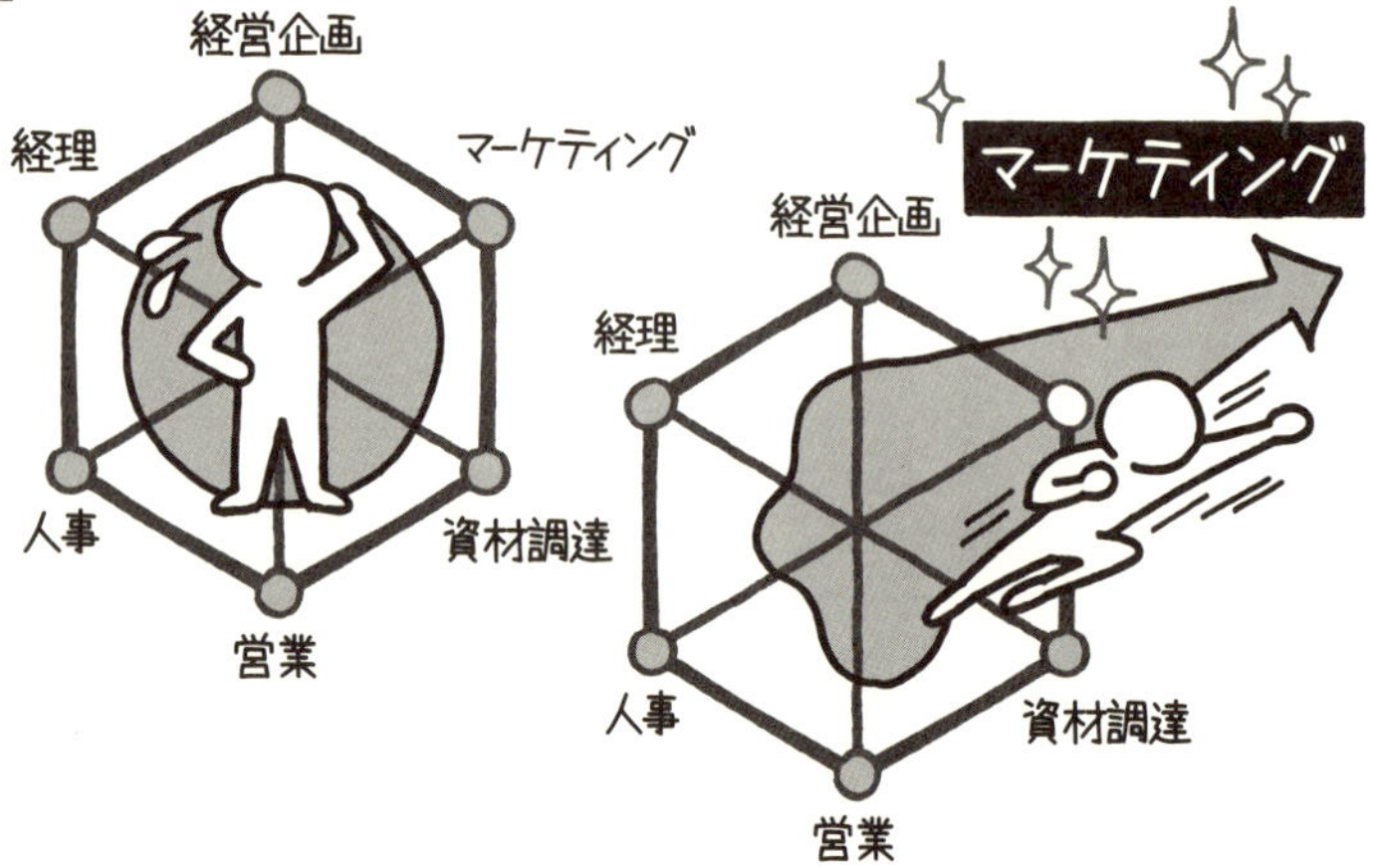

これが、経理を3年、営業を3年、人事を3年……というように、さまざまな分野の経験を少しずつ積む、いわゆる「ゼネラリスト」が人材市場で高い評価を得にくい所以でもあります。経理職を採用する場合、関係ない業務の経験を何年も積んできている人よりも、経理業務を9年やっている人のほうが高い評価となるのは容易に想像できるでしょう。

このようにビジネスの世界では、あらゆるスキルを満遍なく伸ばそうとする〝丸いキャリア〟は、苦労の割に評価されません。「念のため、このスキルも身につけよう」と保険をかけたつもりが、かえって自分を追い込んでしまうという本末転倒の現象が起きてしまうのです。むしろ「この領域はやらない」という捨てる勇気を持ち、得意

な領域や好きな領域に経験を集中させて伸ばすことが極めて大切です。人材市場で高い評価を得るには、「領域を絞り、ライバルよりも高度なスキルや力を身につける」ということがベーシックな考え方になります。

若いうちに、特定領域で「明確な売り」となるスキルを身につける。その後は専門性をほとんど変えずに、経験・スキル・ネットワークが積み重なるようにする。このような〝強みを伸ばし続ける〟キャリア設計は、慣れ親しんだ仕事を繰り返すことになるため、仕事の負荷も減るという副次的なメリットもあります。企業の経営戦略の要諦でもありますが、「戦略とは捨てること」はキャリア戦略においても金言です。

自分探しの壮大な旅に出る
――タイプ別適職診断のワナ

タイプ別適職診断でキャリアを決めるのは無理がある

望む人生を手に入れるためには、しっかりとキャリア戦略をつくる必要があります。一方で、あまりにキャリアを真剣にとらえ過ぎて、自分自身の向き不向きを模索し続ける「自分探しの壮大な旅」に出てしまうとたいへんです。このような現象は、高学歴で優秀な慎重派の方でたまにお見かけします。タイプ別適職診断や性格テストを何種類も試して、「自分は経理に向いているという診断が出た。どうやら経営者には向いていないようだ……」「しかし、別のテストでは、リーダータイプだと出た。やはり経営者を目指していいのだろうか……」というように自分探しを繰り返し、はじめの一歩を踏み出せなくなっています。

書店のキャリア本コーナーでも、タイプ別適職診断や性格テストの本がズラリと並んでいます。しかし、「こういう性格です」という診断結果から「この職業に向いています」というロジックには、私は疑問を感じています。例えば、「緻密に粘り強く取り組んでいくことができる性格」という診断結果から「あなたには経理が向いています」というような単純なロジックはナンセンスです。経営者という仕事をひとつとっても、ものすごく細かい現場のことにまで口を出して大成功している経営者もいれば、大きな方向性だけを示してあとは優秀な部下にまかせるというやり方で大成功している経営者もいます。さらには、野性の勘とも言うべき鋭い嗅覚と直感で適切な判断を下す経営者や、業界の経験則を鵜呑みにしないで事実に基づいた定量的な分析をベースに冷静な判断を下す経営者もいるわけです。このように、ひとつの職種でもさまざまな成功の仕方があることを考えれば、タイプ別適職診断や性格テストの結果でキャリアを決めるというのはやや無理があると言えるのではないでしょうか。

小さく試して検証する

まずは好きなこと、やりたいことベースで将来を考えていいと私は思っています。向き不向きの検討で多くの時間を浪費する人も見られますが、あまりそこにとらわれないほうがいいでしょう。なぜなら、前述のように多くの場合、目指す領域や職種でさまざまな成功の仕方があります。やりたいことをあきらめる必要はなく、自分の持ち味を活かす方法を考えればいいからです。また、そもそもある程度、ナマの場で動いてみないと、本当に何に向いているかわからないものです。少し動いてみて違っていたら、そこで辞めればいいのです。

ただし、やってみなければわからないといっていきなり転職をするということではありません。「まずは小さく試す」ということが大切です。学生であればインターンで仕事を経験するのもよいでしょうし、社会人であれば採用企業の開催するキャリアセミナーに参加したり、関連する勉強会に参加したりして実際に業務内容のフィット感を確かめることも有効でしょう。社内で他の部門の先輩に聞いてみるというのもよいと思います。仮に、あなたが営業職で「財務の仕事がおもしろそう」と思ったならば、まずは社内の財務部門の人に話を聞いてみることから始めることもできるでしょう。社外の交流会に参加させてもらうことも可能かもしれません。机上で適職診断テストを繰り返していても自分の進むべき道が見つからないなら、小さく試すというアクションを起こしてみてはいかがでしょうか。

自分探しの果てしない旅に迷い込むと、膨大な時間が無駄になる

　もちろん、じっくりと自分の進む方向を模索すること自体を否定するつもりはありません。むしろ人生の方向性を考えることは極めて重要なことです。しかし、いつまでも考え込んでいていいということはありません。「せっかくいい大学に合格し、有名企業に入ったのだから失敗したくない」という気持ちはわかりますが、いつまでも進む方向を決めずに一歩を踏み出さないでいることは、それ自体が大きなリスクとなっていることを知っておく必要があります。年齢を重ねれば重ねるほどポテンシャルで採用してくれる企業が減り、選択肢が減っていきます。

　また、自分が動かない間に、ライバルがその道で日々経験を積み、成長しているのです。ライバルたちに何年間も遅れてからその道に入っても成功するのは難しいでしょう。一見すると動かないことでリスクを回避しているように見えますが、時間が経つことで別のキャリアリスクが高まっているということを常に意識しましょう。

マッキンゼーに落ちたら、ゴールドマン・サックスに行く!?
――ブランド志向のワナ

ブランドに翻弄されてゴールを見失う

時々、就職活動中の学生の方からもキャリアの相談を受けることがあります。私の経営する人材紹介会社で行なっているのは中途採用の支援ですので、新卒のキャリア相談は本業とは直接的に関係はないのですが、意識の高い学生の就職を応援するため、時間が許す限りなるべくお会いさせていただくようにしています。

先日お会いした学生の竹中さん（仮名）は、都内名門私立大の4年生です。いろいろな人気企業でインターンシップに参加し、海外留学の経験もある非常に優秀な方でした。就職活動の様子を聞くと、「いま、戦略コンサルのX社で内定をもらっています。それと投資銀行

G社の債券部門の営業で内定をもらっています」ということでした。そこで、「将来は何をしたいと考えているのですか?」と尋ねると、「20代で経営のことをしっかり学んで、将来、起業したいんです」という明確な答えが返ってきました。しかも、起業も単なる憧れということではなく、ご実家が農家ということで日本の農業の未来について強い問題意識を持っており、その問題解決をする事業を立ち上げたいと真剣に考えているようでした。

「じゃあ、戦略コンサルのX社で内定もらえてよかったですね」と私が言うと、竹中さんは、次のように答えました。「実は、本当はトップブランドの戦略ファームM社へ行きたかったんですけど、面接で落ちてしまいました。それであれば、業界は違うんですけど、投資銀行のトップブランドG社に行ったほうがいいんじゃないかと悩んでいます。M社を再受験する際にも、X社よりG社のほうが受かりやすいんじゃないでしょうか」

すでに読者の方はお気づきだと思いますが、竹中さんは本来設定しているゴールとは異なる軸で意思決定をしはじめています。投資銀行の営業で活躍すれば、普通のビジネスパーソンでは考えられないような年収を若いうちから得ることができます。また、その実績に基づいて、他の投資銀行からも引く手あまたとなるでしょう。それはそれでたいへん素晴らしい花形キャリアで、文句のつけようもありません。

しかし大事なのは、一般論として素晴らしいキャリアをつくることではなく、自分自身にとって意味があるキャリアをつくることです。いくら人から「G社にお勧めなんですね。格好いいですね」と羨ましがられようと、自分にとって意味がないキャリアであれば、それはいいキャリアとは言えません。

投資銀行で債券の営業経験を積んでも、経営に関するスキルや経験を積むことはできません。その道を選び、結局、次のステップで戦略コンサルに入り直すことになったら、その時点で新卒時に戦略コンサルに入っていたよりも数年間も出遅れるというハンデを負うことになります。

一過性のブランドよりも自分のキャリア全体を考える

このようにブランドに翻弄されてキャリア設計を誤ってしまうというケースは、実は珍しくありません。それが危険であるということは、「ゴールに向けて必要なキャリアを積むべきだ」という観点以外からも説明できます。

一昔前のブランド企業と言えば、日本興業銀行が有名でした。名門大学の中でも特別に意識の高い優秀な学生が、真剣に就活をしてチャレンジする難関企業でした。しかし、いまの20代には、「興銀」がそのような存在の会社であったことは知られていません。それどころか、「興銀」の行名すら知らない学生も多いのです。私のような40代の社会人からすると衝撃的なことです。一方、いまの学生には商社が人気業界になっていますが、40代、50代のビジネスパーソンの方はご存じのとおり、かつては商社不要論が持ち上がったこともありました。実際、経営不振に陥った商社が合併せざるを得なくなるなど業界内には大きな変動があり、学生に人気がなかった時期もあります。また、コンサルティングファームがキャリアとして高いブランドを持ちはじめたのは、ここ20数年でしょう。それ以前は、ごく一部のファームを除いて一般のビジネスパーソンには社名すら知られていませんでした。いまでは東大生をはじめとする名門大学の学生が殺到するネットベンチャーも、10年前には名門大学の学生がわざわざ入ることはほとんどなく、年収も低く人気企業とはほど遠い状況でした。このように、ブランドというものは目まぐるしく変化していくものです。ブランドを得たと思っても、それがいつまでもつかは運次第という要素が強いのです。

ブランドに惹かれて誤った方向にキャリアをつくってしまうケースは、新卒入社の学生に限らず、転職志望の社会人でも珍しくありません。転職の時に「ブランドのある会社に入っておけば、次の転職でもいい企業に採用してもらえるのではないか」と考えている方はご注意ください。抜群のブランドを誇る会社、例えば、ゴールドマン・サックスに行っておけば、「次の転職でどこでも行ける」というのは少々危険な考え方です。あくまで、どういう経験を積んだ人なのかということが第一に重要なのであって、企業のブランドは二の次です。

もちろん、ブランドが無価値なわけではありません。同じコンサル出身者でも、実力が同じであれば、知名度の低いコンサルティングファーム出身者よりもマッキンゼー出身者のほうが市場では評価されます。問題なのは、ただブランドだけで就職先や転職先を決めてしまう人が多いということです。ご自身のキャリア設計のうえで、将来的に役に立つ経験が積める職種かどうかということが重要だと思います。

私との面談後、竹中さんは自身の夢を叶えるため、戦略コンサルX社に行くことを決断されました。若いうちから真剣に人生のことを考えて、邁進していこうとする姿を見ると、私もたいへんうれしくなります。

親や会社の上司に相談をする
――世代のワナ

親や上司のアドバイスに転職の判断を誤る

新卒で外資系コンサルティングファームに入社し、5年ほど働いた女性が相談にいらっしゃいました。仕事内容は楽しいものの、深夜に及ぶ労働環境で身体がもたないため、ワークライフバランスのいい環境に転職したいという希望でした。転職活動をサポートさせていただき、社風がマイルドなことで定評のある外資系企業から無事に内定を獲得しました。この内定先ならば、ワークライフバランスもよく、長い期間勤務することも可能です。また、年収もさらにアップするという、まさにこの女性にはピッタリの職場でした。私は、転職のお役に立ててよかったと胸を撫で下ろしていました。

ところがしばらくすると、自主応募で内定をもらった日系事業会社に行こうと思いますという連絡が来ました。自主応募によって、この方が目指すキャリアにより適した企業から内定を得たということならば、まったく問題ありません。むしろ、とても喜ばしいことです。しかし、この日系事業会社は典型的な男性社会で女性には働きづらく、ハードな職場環境であることでも有名でした。年収が激減するうえ、将来の昇格もたいへんで、長期間のキャリアを形成するのはかなり難しいと予想されます。ワークライフバランスを求めて転職活動をしていながら、この日系事業会社に行く選択をするというのは、明らかに矛盾していました。

心配した私は、改めてこの女性とお会いして、率直に本当の理由を聞いてみました。すると、「実は、父に勧められたんです……」とのこと。お父さんの言い分は、「外資に行ってこんなことになったんだろ。今度はお父さんの言うこと聞いたほうがいい。日本の大企業のほうが安全なんだから」ということだったそうです。結局、この女性は、父親の勧めに従って日系事業会社に転職されたのですが、半年も経たないうちに「やっぱり失敗しました……」とまた相談にいらっしゃいました。事前に回避できる可能性があったからこそ、私自身も非常に歯がゆく思いました。なお、この女性の場合、たいへん優秀でご経歴も素晴らしかったので無事にリカバリーすることができましたが、一般的には半年での再転職はかなり不利になるということをご留意ください。

キャリアの価値観が異なることに注意する

このように、身近な人の転職のアドバイスによって判断を誤ってしまうというケースがあります。すべての人がそうだというわけではありませんが、世代が離れた家族や上司にキャリアの相談を求めると、現代の新しい職業観と異なる観点からアドバイスを受けることもあるのです。

まず、先の例のように、家族や親しい上司に相談してキャリアを決めるのには少し注意が必要です。もちろん、彼らは、あなたのことを真剣に考えて話をしてくれる貴重な存在であることに違いありません。しかし、キャリアに関する話については、ベースとなっているキャリア観や知識がやや古い可能性があるということを理解しておきましょう。

50代半ば以上の世代の多くの方々が経験されてきたキャリアとは、人材市場が発達していないという環境が前提とされています。それは、新卒で優良大企業に入り、その中での競争に負けないことこそがキャリア形成であるということを意味していました。しかも、在職している大企業が倒産することなど、まったく考えなくていい時代でした。ひとつの企業に頼ることができない現代の社会環境とは前提が大きく異なっています。

いま、転職活動されている方の親世代には、「外資系企業＝給与は高いけど、不安定」という印象を持たれている方もいらっしゃいます。ところが、現代は日本を代表するような大手メーカーがリストラをしたり、外資系企業に買収されたりすることも珍しくありません。日系の大企業であっても雇用は決して安定していないのです。

一方、良質な外資系企業などで3年でもキャリアを積めれば、明確なスキルを身につけることができ、人材市場で評価されるようになっていきます。そうすると、勤務先の会社が潰れたとしても、転職先が多数あるという状態をつくることができます。この状態を、私は〃人材市場をセーフティーネットにする〃と表現しています。従来のような〃一企業をセーフティーネットにする〃キャリアではリスクが高いという時代になっています。親や上司は、親身になってくれるありがたい存在ですが、ベースとしているキャリア観や知識が現代にマッチしない可能性もあることを意識して、アドバイスを受けていただければと思います。

人材市場のプロの意見も参考にする

以上のとおり、家族や親しい上司にキャリアの相談をすることには少し注意が必要であることを理解いただけたと思います。その意味で、キャリアの相談では人材紹介会社のキャリアコンサルタントの意見も聞きながら、慎重に意思決定をしていただくのがいいと思います。キャリアコンサルタントは、常に人材市場に身を置いて仕事をしていますので、最新の情報を日々吸収しており、知識の面でも非常に頼りになると言えます。

その一方で、キャリアコンサルタントは、家族や親しい上司への相談と異なり、必ずしもあなたのためを思ってアドバイスをしてくる人ばかりではないようです。相談者から時々聞く話ですが、人材紹介会社によっては、相談者に高い年収を提示してきた企業へ転職してもらったほうが儲かるという考えで〝説得〟してくるキャリアコンサルタントもいるようです。私も人材紹介業界の一員としてたいへん残念ではありますが、そのような可能性もあるということを意識して冷静に話を聞いていただければと思います。特に短期的なノルマを課している人材紹介会社では、キャリアコンサルタントが目先の売上げを追わざるを得なくなっているケースもありますので十分にご注意ください。

転職先で失敗する3つのパターン
――立ち上げ期のワナ

転職を繰り返しても問題は解消されない

キャリア戦略に基づくアクションであるならば、転職の回数を重ねること自体に問題はありません。しかし、入った会社でうまくいかないことを理由に転職を繰り返す場合には注意が必要です。

入社した会社でうまくいかないと「この会社は××といった点で自分に合わない。他の会社に転職したほうがいいんじゃないか……」とすぐに考え、また転職した先でうまくいかないと「この会社も○○といった点で自分に合わなかった。今度は、こういう会社に行こう」と転職を繰り返す方とお会いすることがあります。しかし、このような場合、仕事の内容や会社の状況とは別の理由でうまくいっていない可能性もあり、転職をすることでは問題が解決しないかもしれません。

転職先でうまく立ち上がらない代表的なパターンは、次の3つのパターンがあります。

周りの人と協働するスキルを軽視している

第1のパターンは、「周囲の人とうまく協働していくうえで必要なスキルが欠けていて、評価が下がる」というものです。例えば、ホウレンソウ（報告・連絡・相談）のような基本的なことができていないということもあるようです。「そんな簡単なことは誰でもできている」と思われるかもしれません。しかし、実際に部下を持った経験がある方はわかるかと思いますが、仕事の経過や結果についての報告をしてこない部下は珍しくありません。上司からすれば、部下の一つひとつの行動や進捗をチェックしなければならなくなり、非常に負担が増えます。当然、上司や周囲の人からは不満が出ることになります。そのため、このようなコミュニケーションスキルを軽視している人は、いくら会社を変えてみても、「チームワークに向かない」という評価をどの転職先でも受けることになります。ホウレンソウなどは難しいことではありませんので、せっかくの高い実力がもったいないと思います。がんばっているのに、なぜか上司があまり高い評価をしてくれないと感じている人は、まずは自分がこのようなコミュニケーションをしっかり行なっているかを見直してみるといいかもしれません。

スタートダッシュを怠ってしまう

第2のパターンは、「入社した初期にがんばらず、負のスパイラルに陥る」というものです。入社した会社でスタートダッシュをかけて早期に成果を挙げると、周囲から「この人はすごいな」という高い評価を得ることができます。当然、自分のモチベーションも上がります。これによって、ますます仕事に打ち込みやすくなり、成果が挙がりやすくなるという好循環に入っていきます。逆にスタートダッシュを果たせず、なかなか成果を出せないでいると、周囲からの評価が下がり、自分も仕事がつまらなくなるという悪循環に陥ることになります。この循環構造は非常にパワフルです。入社当初だけに限らず、いったん悪循環に陥ると抜け出すのはかなり難しく、一方、好循環に入れば楽しく自然に成果を出し続けることができます。私もさまざまな企業のエグゼクティブとお会いしてきていますが、仕事がうまくいっている方の多くが、この構造の力を上手に利用されています。大事なのは、仮にスタートダッシュに失敗しても、とにかく成果を出すまでがんばり続けてしまうことです。そうやって、好循環に入るように持っていく。成果が出るまではとにかく歯を食いしばる。これが新しい会社に入った時は重要です。入社当初はたいへんなように感じますが、実は1年もがんばれば、多くの場合は好循環に入ったと感じられるものです。がんばらないと好循環に入るのが後ろにずれ、辛い期間がどんどん延びて、自分が一層辛くなります。「転職したら1年は仕事に没頭する」ということをぜひ意識しておいていただければと思います。

新しいやり方を受け入れない

第3のパターンは、「新しい会社のやり方や価値観をうまく吸収できず、成果を出せない」というものです。入社した会社には、当然、自分がそれまで培ってきているやり方や価値観と異なることがたくさんあると思います。これは未経験の業界に入った時だけではなく、経験がある業界内での転職でキャリアアップしてハイレベルな企業に入った場合にも起こります。人は、自分が培ってきたスタイルの枠を越えるものと出合った時、その価値をすぐには理解できないものです。しかし、その新しいやり方を素直に受け入れ、業務を行なっていくうちに、「なるほど。こういう理由があって、このやり方のほうが優れているのだ」ということが見えてきます。いつまでも古い自分のやり方にこだわっていると、成果が挙がらないまま、社内で居場所がなくなってしまうこともあります。もともと新しいやり方を学ぶためにキャリアアップの転職をしているという原点に立ち戻り、思い込みを外してたくさん吸収してみましょう。

会社に問題がある場合は無理をしない

いままでのお話の中で、「会社が合わないという理由で転職を〝繰り返している人〟は、一度、自身についても見直してみましょう」ということをお伝えしてきました。

一方、実際には、入社した会社の状況が自分の努力ではどうにも改善しようがなく、あまり無理してがんばらないほうがいいこともあります。「社内で悪名高いパワハラ上司の下につくことになり、社内の異動も難しい」とか「社内政治や社内恋愛などによって、経営陣も含めた社内の人間関係が荒れている」ということもあります。さらには、「粉飾決算の手伝いを無理矢理させられている」というケースすらあります。そのような場合は、どうぞ無理をしないでください。その環境で無理してがんばっていると体調を崩してしまい、その後のキャリアにも大きな影響が出てしまいます。朝から深夜遅くまでずっと会社で働いていると、社内だけが世界のすべてのように感じられることがありますが、決してそんなことはありません。星の数ほどある会社の中の一社に過ぎません。もっと気軽に考えて、広い外の世界にあるたくさんの会社に目を向けていただきたいと思います。

現職の部下や上司を粗末に扱う
――人間関係のワナ

周囲に負担を強いたツケが自身の転職を阻む

もし、あなたが部下をこき使っているとしたら、将来のキャリアには要注意です。「えっ!? この本はキャリアの本であって、リーダーシップの本ではないですよね?」と思うかもしれません。実は、部下との関係が、キャリアにも影響することがあるのです。いまの会社で乱暴なマネジメントをして、部下に大きな負担を強いたツケが、痛いしっぺ返しとなって戻ってくるということが現実的に起こり得るのです。実際にあったケースでご説明しましょう。

織田さん(仮名)は、大手のシステム開発会社で活躍されていた50代の凄腕営業マネージャーでした。実績に裏打ちされた自信を持つ、豪快な方でした。その素晴らしい実績を詳細に記載した書類を用意して数社のシステム開発会社に応募しました。すると意外なことに、なぜか次々と書類でNGとなってしまったのです。

かつて部下を苦しめた行ないが、自分の転職を苦しめる

「なんでだろう」と私たちの会社のキャリアコンサルタントが疑問に思っていると、織田さんは「やっぱりそうですか……。思い当たる節があります」と言います。かつて在籍していた大手システム開発会社の部下が、今回応募したそれぞれの会社の幹部になっているとのことでした。通常、知人がいれば有利になりそうなものですが、織田さんは、若い頃にかなり厳しいマネジメントを行なって部下たちを苦しめたため、当時を知る幹部がいる応募先企業は書類応募の段階で織田さんにNGを出したのです。かつての自分の行ないが、いまの自分を苦しめることになりました。

　困ったことに、織田さんがいた会社はかなりの大手で、部下も相当な人数になります。かつての部下たちが同じ業界内に散り、

それぞれの会社で活躍しているのです。そして、多くは自分のことを快く思っていない……。この状況には、豪快な織田さんもすっかり参ってしまったようです。最終的には、大手企業のグループ会社として新しく立ち上がったシステム開発会社を紹介することで事なきを得ましたが、今回の一件で、織田さんも今後の仕事の仕方について考えるところがあったようです。

日頃の仕事ぶりを省みる

このように、辞めた会社の人間関係が、10年後、20年後に影響を及ぼすということがあります。実際に、酷いマネジメントをされた側の立場を考えれば、よくわかることだと思います。かつて散々な目に遭わされた上司が、いまの自分のいる会社に転職の応募をしてきたら、「あの人とは、もう一緒に仕事をしたくない」と思うことでしょう。

もっとも仕事にトラブルは付き物ですので、多少のことであれば問題はないでしょう。しかし、強引なマネジメントを行ない、部下が辞めざるを得ないほど追いつめる、あるいは、逆に部下として非常識なほど仕事の手を抜いていたり、周囲のモチベーションを下げるような言動を繰り返していたりしていると、キャリアを重ねていく時にこのようなことが起こり得ます。あまりに乱暴なことをしていると、たとえいまはよくても、将来的に自身のキャリアの可能性を狭めてしまうこともありますので十分にご注意ください。

〝エリートコース〟にこだわる
——社内評価のワナ

社内の評価と人材市場の評価は違う

会社に勤めていると、社内の評価を気にするようになりますよね。「組織内で周囲から高い評価を受けたい」「より高いポジションに行くうえで有利なコースに乗りたい」と考えることは、ごく当然のことだと思います。ただ、外部の人材市場からの評価は、必ずしもその感覚と一致していないというお話をさせていただこうと思います。

例えば、ある都市銀行では○×支店を経ることが出世コースとして認識されており、そのような社内の評価を意識してキャリアを考えている方も見られます。もちろん、同じ会社で勤め上げるならば、社内の評価基準に沿ってキャリアをつくっていくという考え方も必要です。しかし、このような社内での基準が人材市場での評価に直結するとは限らないので注意しましょう。都市銀行から異業界に転職する時、社内で評価されているエリート支店の出身であることをアピールしても、応募先の企業からの評価にほとんど影響はありません。都市銀行から同じ金融業界へ転職する時には、「○×支店に配属されていたということは、社内での評価が高かったんだろう」と加点評価されることはあります。しかし、それも決定的な要素となることはほとんどなく、あくまでも面接での評価のほうが重要となります。

将来、転職を通じてキャリアアップを検討されている方には、人材市場で評価されることが何かをきちんと知ったうえで社内のキャリアを考えることをお勧めしたいと思います。どうしても会社にいると社内の評価を気にしてしまうものですが、一歩外に出たらまったく関係ないということが多々あります。日々、所属している組織のことなので、つい過大に評価してしまいがちなのです。

社内評価に流されずに自分の専門性を磨く

日系の大手企業では、人事部に配属されるのがエリートコースとされている企業もありますが、そのようなことは人材市場での評価にはほとんど影響がありません。例えば、難関の商社で新卒入社後に人事に配属されたとします。人事経験しかないままで転職活動をしたならば、人材市場では人事系キャリアの人だと判断されます。せっかくの商社勤務である優位性は薄れるでしょう。むしろ、人材市場でニーズの高い海外営業経験を持っている他の同期ていますが、社内の評価は低く……」という人もいます。また、「自分は同期の中でも最も高い評価を得ているんだけど……」と思っていても、実際に人材市場に出ると評価が逆転することは珍しくありません。

人材市場においては比較優位となる専門性を持っている人ほど高く評価されます。そのため、自分が突き詰めたいと思っている分野で経験を重ねることが大切です。将来、経理・財務領域に携わりたいと考えているならば、仮に経理部門が社内であまり評価されていなかったとしても、社内の評価に流されずに経理部門を選択してキャリアをつくることが重要となります。その会社に骨を埋めるつもりがないのであれば、社内の基準で考えるのではなく、自分が将来的に携わりたいと考えている分野をしっかりと見据えて主体的にキャリアをつくることが大切です。

第4章

ビジネスエリートたちはすでに実践している

——押さえておくべきキャリアの鉄則

「キャリアビジョン」をつくる
――自分の「好き・嫌い」を知るところから始まる

自分の「好き」でキャリアビジョンを描く

自分はどこを目指すのかというキャリアビジョンは、キャリアを設計するうえで極めて重要です。キャリアビジョンは、長期的なスパンで目指す目標地点です。もちろん、設計する時点での年齢や設定するビジョンの内容によって、どの程度先の未来をイメージするかは変わってくるでしょう。一般的には、20代前半であれば、20年後くらいで目指す目標地点をイメージする方が多いかもしれません。キャリアビジョンが変われば、どのような経験を積んでいくべきかというキャリア設計全体も変わります。そもそも一生懸命にがんばって辿り着いた場所が自分の望んだものでなければ意味がありませんので、ビジョン設定を間違えてしまっては元も子もありません。

しかし、「そもそも自分はどこを目指すべきなのかがよくわからない」という人も多いと思います。キャリアビジョンは、どのように考えていけばいいのでしょうか？

就活中の学生の方と話していると、ブランドやトレンドを意識してキャリアビジョンを決めようとする方も少なくないように思います。人気の高い仕事ほど価値が高いという印象があるようです。「偏差値が高い大学に行っておくと得だ」という大学入試と似た感覚があるのかもしれません。果たしてそのような観点から大切なキャリアビジョンを決めてしまってよいものでしょうか。

キャリアビジョンは、人生の大半の時間をかけることになる仕事を規定する大切なものです。私は、自分の「好き」でキャリアビジョンを決めることをお勧めしています。そもそも好きなことをやったほうが人生は楽しいし、自分が好きなことでないと長く続けることやライバルよりも高い成果を挙げることが難しくなります。企業の経営幹部として活躍する40代、50代のエグゼクティブの皆さんとお話ししていても、「好きなことを深くやったほうがうまくいく」ということで意見が一致します。

一方、好きなことを選び、時間を投入し、力をつけて一流になることができれば、社会へもたらすインパクトや収入をはじめとするリターンもとても大きなものになります。学習塾の業界を考えてみましょう。学生時代にアルバイトをしていた方はおわかりだと思いますが、生徒を教え、育てるという塾講師は、大きな労力を要する割に平均的な収入は決して高いとは言えません。ところが、全国トップクラスの予備校講師になってしまうと、授業を全国配信して大きなリターンを得ています。ひとつの科目で全国トップの講師という地位を築くことができれば、その人の授業を日本中、場合によっては世界中にいる受験生が見たいという話になるわけです。得られるものは収入だけではありません。昨今のカリスマ講師の活躍を見ておわかりのように、さまざまな形で社会的な影響を及ぼすことも可能です。塾講師の枠を越えた活動を展開することもできるでしょう。

どのような分野でも一流になれば、得られるリターンは飛躍的に大きくなります。つい、業界全体の平均的な収入水準に目を奪われがちですが、大事なのはどんなことを選んでもいいので一流になることなのです。「いやいや、そう簡単に有名講師にはなれないよ」と言う方もいるでしょう。では、超人気企業となっている総合商社でライバルを抑えて役員に上り詰めることと、塾講師として成功することは、どちらの可能性が高そうでしょうか? どちらが難しいかは一概には言えませんが、どんな世界を選ぼうが、一流になるのはたいへんですし、むしろ世間で人気がある世界であればあるほど競争が激しいのは自明の理です。そういう意味でも、既成概念を排して自分の価値観で決めることが大切なのです。

“領域”と“立ち位置”で「好き」を決める

そこで、自分の「好き」でキャリアビジョンを描く視点を2つ紹介しましょう。

ひとつは、好きな「領域」を考える方法です。代表的なものとしては、「アパレル業界」「エンターテイメント業界」といった業界での切り口や、「マーケティング」「財務」といった職種による切り口などがあります。また、いくつかの職種をまたがってできた学際分野や新しい領域を選ぶという方法もあります。例えば、「企業再生」という領域がそれに該当するでしょう。企業のステージは限定されているものの、企業再生は、財務、法律、経営戦略、組織変革など、さまざまな従来の領域が重なり合う学際領域です。さらには「環境問題」、「日本農業の改革」など、社会的な問題解決を取り組む領域とするのもいいと思います。また、世の中に自分のイメージにぴったりの仕事がない場合もあります。そのような時も、すぐにあきらめる必要はありません。世の中にニーズがあるのであれば、起業して自分でそのような仕事をつくってしまうということも可能です。

もうひとつは、好きな「立ち位置」を考える方法です。領域が同じでも、立ち位置によって人生は大きく異なります。同じ会社に勤めていても、社長と社員とではまったく立ち位置が変わり、仕事内容、責任、組織や社会へ与える影響も大きく変わります。自分がどういう立ち位置が好きなのかを知っておくことも、キャリアビジョンを策定するうえでとても役立ちます。人によっては、どんな領域でもいいから、経営者になりたいと思っている人もいるでしょう。ここでは、代表的な４つの立ち位置を紹介しましょう。

❖── 企業経営者

大手事業会社の経営幹部として活躍する企業経営者としてのキャリア。具体的には、大手外資系事業会社、大手日系企業、大手オーナー企業などの経営幹部ポジションとなります。組織を率いて大きな経営基盤を活用しながら世の中にインパクトを与えるという醍醐味があります。一見すると、非常に魅力的な立ち位置に見えますが、マネジメントするという業務は万人にとって楽しいものとは限りません。現場で顧客と触れ合うほうが性に合っているという人も少なくないでしょう。

❖── ベンチャー企業経営者

自らのビジョンを世に実現するためにゼロから事業を起業する、または、起業家が興した会社に経営幹部として参画するベンチャー企業経営者という立ち位置。現代では、ネットを活用して小さな資本でリスクの低い起業が可能となっており、有力なキャリアとして注目されています。定められた事業をまわす一般的な企業経営者の立場と異なり、自ら会社の存在意識を定義し、経営するやりがいは、大きな魅力のひとつです。しかしながら組織が大きくなるにつれて、企業経営者と同様に徐々にマネジメント中心の業務となって現場から離れることになるでしょう。やはり組織を率いていくことに関心がない方には、フィットしない立ち位置と考えられます。

プロフェッショナル

プロフェッショナルとは、コンサルやファンドなど、プロフェッショナルファーム内で活躍する立ち位置、および特定業務・特定領域の専門性に基づいて独立・起業する立ち位置です。複数のクライアントに対して外部から高い専門性を提供していきます。さまざまな企業を支援した経験を積み重ねることで得られた知見によって、クライアントから頼られて感謝される喜びが魅力的です。ただし、高い成果を常にクライアントから求められ、実現できないと次の発注を受けられないということになります。

社内エキスパート

社内エキスパートとは、既存の組織が持つ豊富な経営資源を活用しながら自分の専門性を発揮することで、会社を通じて世の中に働きかけていくことのできる立ち位置です。マーケティングのプロ、財務のプロ、人事のプロなど、特定業務・特定領域の専門性を武器として社内で活躍していきます。会社の豊富なリソースを活用して世の中にインパクトを与えるという醍醐味があります。また、自分の好きな商品やサービスを展開する会社（例えば、アップルやスターバックスなど）に入り、それらに囲まれながら働けるという喜びを感じる方もいるでしょう。ただし、会社の戦略や経営陣の方針によって、自分の業務の方向が縛られる側面が強い立ち位置ではあります。

ざっくり、早く、慎重に決める

さて、ここまで自分の「好き」からキャリアビジョンを決めるというお話をさせていただきましたが、かなり難しい作業でもあります。そこで、上手に考えるための３つのコツを付記します。

〈ざっくりと決める〉

設定するキャリアビジョンはざっくりとしたものでも構わないと思います。例えば、「日本の製造業の経営を支援する」といった程度でもいいでしょう。なぜなら、あまり詳細なことまで設定しても、無駄になってしまうことも珍しくないからです。例えば、どのような形で製造業を支援するのがいいのかという手段は、時代によっても変わってきます。自分がキャリアビジョンに近づいた20年後の世界など、誰にも予測できません。新しい技術・サービスが登場し、新産業が立ち上がっていることもあるでしょう。

また、どのような形で支援するのがベストなのか、その詳細はビジョンに近づくことで見えてくるものです。実際に製造業で働いたり、製造業向けの経営コンサル業界などに身を置いたりすることで、はじめて同業界が抱えている本質的な課題が見えてくることもあるでしょう。

おおよその方向性を決めて、進んでいくことが大切なのです。

〈早く決める〉

一日や二日を争って早く決める必要はありませんが、自分のキャリアビジョンを決めるのにあまりに時間をかけすぎると、不利になるので注意が必要です。あなたがどのようなキャリアビジョンを設定しようとも、その道でいち早くスタートを切っているライバルは必ず存在しています。未来のあなたのライバルは、その道で着実に実績を積み重ねて立場を確立していきます。そのようなライバルたちに何年も遅れてからその道に入っても成功するのは難しいでしょう。キャリアビジョンを決めて、行動するのが早ければ早いほど有利なのは確かです。

また、齢を取ると選択肢の幅が減ってきます。キャリアチェンジには年齢制限があるためです。キャリアビジョンを決めるのが遅いと、自分のやりたい道を選ぶことができなくなるという事態も起こり得ます。行動を起こさないことでリスクを回避しているように感じても、時間が経つことで別のキャリアリスクが高まっているということを常に意識しましょう。

〈慎重に決める〉

キャリアビジョンを決めるということはとても重要なことですので、即断即決というのも考えものです。特に、自分のキャリアビジョンを決めたからといって、いきなり転職をするのは危険です。勉強会、キャリアセミナー、知人や書籍を通じた研究を通じて、そのキャリアビジョンが本当に自分にフィットするかを検証していくことが大切です。

「キャリアの上昇気流」に早く乗る
――ワークライフバランスを長期スパンで考える

増加する〝ワークライフバランス派〟

日系の一流企業に勤める東大卒の25歳の男性から相談をいただいたお話です。「残業がほとんどなく、ワークライフバランスのいい会社に転職したいです。私はハードに働くのは嫌で、65歳までゆっくり長く勤めることができればいいと思っています。結婚して、奥さんと子供一人を養えるくらいの収入をもらい続けられれば、それが理想です」

若い頃、仕事に打ち込んできた30代半ば以上の読者は驚かれるかもしれませんが、最近、

20代の相談者や学生の方から「ワークライフバランスを取った働き方をしたい」という相談が増えています。以前であれば、徹夜が連日続くような投資銀行などに勤める方を除き、20代の方からこのような内容の相談を受けることはほとんどありませんでした。それが一転して、明らかにワークライフバランス派が増えています。

もちろん、その人にフィットする労働時間や働き方は、体力の差や家庭環境の差などによって千差万別でしょう。また、人生には、出産や育児、介護といったさまざまなライフイベントがありますので、ワークライフバランスを重視せざるを得ない状況に直面する可能性は誰にでもあるものです。そのため、私たちの会社では、「ワークライフバランス転職」という転職サイトを運営して、さまざまな事情でワークライフバランスを取った働き方を志向される方を支援しています。

しかし若いうちから大きな理由もなく、「長時間労働は嫌だ」、「プライベートを重視したい」という働き方を選ぶと、キャリア設計にリスクが伴うことは知っておいていただいたほうがよいでしょう。

ハードワーク派とワークライフバランス派のキャリアを比較する

若い頃にがんばった場合とそうでなかった場合で、どのような違いが生まれるのでしょうか？　20代の頃に長時間労働で仕事に一生懸命に取り組んだハードワーク派（＝アリさん）と、反対に20代の頃にあまり仕事に時間を割かずプライベートを重視して過ごしたワークライフバランス派（＝キリギリスさん）のキャリアを比較することで、その差を考えてみましょう。

20代の頃、アリさんは熱心に仕事に取り組んで自身のスキルを高めようと努力します。積極的に上司の仕事にも同行させてもらって勉強をします。その分、遅れた仕事は、深夜の残業や休日出勤をして取り返していきます。しかし、こんなにがんばっているのに、毎日飲み会のために早く帰っているキリギリスさんと比べると、特に目に見える差はありません。アリさんの残業はサービス残業扱いで手当も支給されておらず、キリギリスさんと年収は変わりません。

30歳になり、仕事に打ち込んできたアリさんは、高い水準のスキルを身につけることができました。すると社内での評判はもちろんのこと、人材市場でも評価され、高いポジションや高い年収の話で声がかかるようになります。30代前半でマネージャークラス、30代後半で役員候補に抜擢されるかもしれません。そうなると年収も、20代の頃の3、4倍となります。がんばってきたアリさんが、いよいよ「キャリアの上昇気流」に乗りはじめました。

一方、キリギリスさんはスキルがそれほど向上していないので、30代後半になっても、年収は20代の頃とほとんど変わりません……。30代後半で役員クラスとして活躍しているアリ

若いうちにがんばって、上昇気流に乗る

さんは、キリギリスさんの3、4倍も働いているわけではありません。労働時間はほとんど変わらないでしょう。うまく仕事をまかせることで、部下よりも労働時間が短い管理職は珍しくありません。

素晴らしい経験を積んだ40代のアリさんには、さらにいいポジションの話が舞い込んできます。読者の方はご存じのように、いまや年収が2000万円を超えるポジションの話など珍しくはありません。アリさんはますます好循環の上昇気流に乗っていくことになります。キリギリスさんは、これまでの実績が芳しくなく、社内での評価も高くないため、リストラされたらどうしようと不安な日々です。スキル不足や実績不足により、転職先もそう簡単に見つかりそうもありません。アリさんとキリギリス

さんの差は、ますます広がっていくことが予想されます。

50代になったアリさんは、引退する経済的自由も得ているのに対して、キリギリスさんはリストラされる不安を抱えながら、65歳まで働かなければいけません。そうなると、人生における総労働時間はキリギリスさんのほうが長いくらいでしょう。もし、キリギリスさんが勤務先の会社を解雇されてしまったら、同じような年収水準の仕事に就くのはかなり厳しくなります。そうなると、70代になっても一生懸命に働く必要が出てくるかもしれません。これでは、ワークライフバランス派のキャリアとしては本末転倒です。

この話でおわかりのように、30代半ば以降は、アリさんとキリギリスさんのワークライフバランスはそれほど変わりません。それにもかかわらず、アリさんはたいへん高いポジションを得て、年収も数倍となっています。実は、ワークライフバランスの差がある時期は、20代から30代前半までの10年程度の短い期間だけでした。この間に仕事に打ち込んだか、遊んでしまったかが、決定的な差を生んでしまったのです。若いうちに力をつけて、「キャリアの上昇気流」に乗ってしまうと後がラクになるのみならず、社会へ及ぼすインパクトなど仕事の充実度も大きく違ってきます。

エグゼクティブは、がんばるべき時にがんばってきている

実際に、外資系企業のエグゼクティブとして活躍している人や起業家の皆さんと話していても、ほとんどの方が共通してアリさんルートをたどっています。ハードワークを経験したことがある方はご存じかもしれませんが、20代の頃は2日連続の徹夜をして働くことができたのが、30歳を超えた頃から徹夜は1日しかできなくなり、35歳になると徹夜で働くと翌日が使い物にならないので無理はできなくなる……。こんな感じの方が多いかと思います。結局、高い地位に就いているエグゼクティブの皆さんも、ガムシャラにがんばっているのは20代から30代半ばくらいまでなのです。余談ですが、順調にいっている会社の社長さんの中には、1日5、6時間くらいしか働いていない人も珍しくありません。

例えば、大学受験期に一生懸命にがんばった人は、いい大学に入ることができ、その後の人生で大きなメリットを長期間にわたって享受することができます。人生は、がんばるべき時にがんばっておくと効率がいいものです。それと同様に、仕事も若い頃にがんばり、一気に「キャリアの上昇気流」に乗ってしまうことが大切なのです。

また、現代は会社の雇用が不安定になっている時代ですので、人材市場からしっかり評価される人材となることが必須となっています。その観点からも、若いうちに一生懸命に仕事に打ち込み、しっかりスキルを身につけて、企業から必要とされる人材になっておくことが必要不可欠です。なお、冒頭で紹介させていただいた25歳の男性も、このようなキャリア設計の実態をご理解いただき、現在はハードではあるものの、力をつけられる職場で活躍されています。

抜群に優秀な20代が登場してきた

誤解のないようにお伝えしておきたいのですが、いまの20代の方の全般が仕事へのモチベーションが低いわけではありません。現在は、学生のうちからインターンシップに参加する機会やビジネスコンテストに参加する機会が豊富にあります。これらの機会を活用しているやる気あふれる学生はむしろ、以前では考えられなかったほど非常に優秀です。成長する機会を活用している学生と、機会を逃している学生の間で大きく差がついてしまい、いわゆる〝二極化〟しているように見受けられます。上位層の学生は大学の垣根を越えて交流しており、互いに刺激をしあうことで驚異的とも言える力を身につけ、高いモチベーションを持っています。

実際、私たちの会社でも学生インターンを採用していますが、驚くほど吸収が速く仕事もしっかりできますし、周囲へ気遣いのあるコミュニケーションもできます。恐らく、はじめて会った人であれば、30歳くらいのしっかりした社会人だと思うのではないでしょうか。この世代では、学生のうちから起業している人もたくさんおり、20代で上場企業の社長となるような人が登場しているのもうなずけることです。彼らのような優秀な20代が続々と増えてきているのを見ると、日本の将来もますます楽しみになります。

いま20代で、最初からワークライフバランスを重視してしまっていると感じた読者の方は、早いうちにこのような現状を知って、自分のキャリアを再考しておくことをお勧めします。単に目先のワークライフバランスではなく、人生を通しての長期的なワークライフバランスという視点を持つと、キャリアに対する考え方もずいぶん変わってくるはずです。皆さんが望む人生を手に入れるためにも、後悔しないキャリア設計をしていただきたいと思います。

「回収どころ」を設計する

——「年収に翻弄されるな」と他人は気軽に言うけれど……

低めの年収条件を提示されたら

希望する仕事に就くチャンスだけど、年収面で低めの条件が提示されてしまう。一方、年収の提示条件は高いのだけど、自分の将来にとっていいのかどうかわからない。このような局面に直面する方は珍しくないと思います。基本的には、仕事内容が重要だと頭ではわかりつつも、それでも当事者となった方としてはとても悩ましいですよね。

33歳の商社勤務の服部さん（仮名）も、同じ悩みに直面されました。服部さんは、まずはコンサルティングファームに行き、将来は投資ファンドに行きたいという希望を持っていました。転職活動を通じて、外資系戦略コンサルティングファームと独立系のコンサルティングファームの2社から内定を無事に獲得しました。服部さんも憧れの仕事に就けるということで喜んでいました。しかし、提示された年収条件が、彼を大きく悩ませていました。

商社での服部さんの年収は、1200万円を超えています。今回、外資系戦略コンサルから提示された年俸は1000万円。これにボーナスが多少つきますが、それでも現在の年収よりも下がることはほぼ確実です。新しい仕事に就いて、勉強しなければいけないことは多い。外資系コンサルティングファームに入れば、仕事はいまよりも忙しくなる。それにもかかわらず年収はダウンする。

一方、服部さんを高く評価した独立系のコンサルティングファームからの提示は、なんと1300万円。高い評価をしていただけて喜ばしいものの、投資ファンドに行こうとした場合には、知名度という点で不利になる可能性がある。なかなか悩ましいところです。

私「さすが、服部さんですね。無事にいい2社から内定をもらいましたね。おめでとうございます」

服部さん「ありがとうございます。ただ、確かに受かったのですが、オファー条件が低いので悩んでいます」

私「確かに悩ましいですよね。このような時は、ぜひ、ご自身のキャリアプランに立ち戻って考えていただくのが大事だと思います」

服部さん「おっしゃるとおりなんですけどね……。でも、やっぱり年収も気になります（笑）」

私「そのとおりだと思います。ただ、収入についても、少し長いスパンで考えていただくと、いろいろと見えてくるかと思います」

服部さん「それはどういうことでしょうか？」

私「例えば、外資戦略コンサルを選んだ場合は、確かに一時期は年収が下がりますが、長い目で見た時には、大きな問題ではないかもしれません。例えば、外資戦略コンサルに入ると、いまの年収に戻るまでに、2、3年はかかるでしょう。しかし、5年後にマネージャークラスになった時には、2000万円近い年収も期待できます」

服部さん「そうなってしまうと、商社に残っているよりもいいかもしれません」

私「はい。ただ、それだけではありません。さらに、その後、もともとお考えだった投資ファンドに入った場合は、同じような年収と併せて、キャリーボーナス（成功報酬型のボーナス）が期待されます。もちろん担当した企業が成功するかどうかはわかりませんが、人によっては億単位で受け取ることもあります」

服部さん　「そんなになるんですか？　そうなると、目先の100万〜200万円のダウンのことなど、後で手に入る収入から考えたら馬鹿馬鹿しい悩みですね」

私　「実際に、投資ファンドには行かず、オーソドックスなキャリアパスのひとつである外資系事業会社の経営陣というキャリアだったとしても、収入面では現職に残っているよりもよくなると思います。同様に、独立系コンサルティングファームから提示されている条件との300万円の差も、長いスパンで見ると、大きな意味は持たないかもしれませんね」

この面談の後、服部さんはすっきりとした表情で、独立系のコンサルティングファームより提示条件が300万円も低かった外資戦略コンサルティングファームへ行くことを決断されました。服部さんの場合、外資戦略コンサルに入ってからマネージャーに昇進するまでは、スキルや経験を積む〝先行投資〟の期間とも言えるでしょう。その後、コンサルティングファーム内でパートナーになったり、投資ファンドに行ったり、外資系企業の経営者になったりして、非常に高い収入を得る〝回収〟の期間が始まります。このように先行投資する時期と回収する時期とを意識してキャリア設計すると、目先の年収にとらわれずに本質的な意思決定がしやすくなります。

人生を通じての年収プランを慎重に検討する

ただし、何でもかんでも年収を下げてでも転職したほうがいいということではありません。長いスパンで見た時にも、収入が上がることがあまり期待できないという場合には、ぜひ慎重に意思決定をしていただきたいと思います。

コンサルティングファームに勤めている30代後半の方が、事業会社へ転身したいと考えていました。この方の年収は１７００万円でしたが、ある日系メーカーからミドルマネジメントのポジションで年収１０００万円の提示を受けて、その会社に入ろうと思っているとのことでした。「事業会社へ転身する場合には、年収が激減するのは仕方がない」と、接点があった人材エージェントに説得されたそうです。

率直なところ、私としては「かなりもったいないな」と思いました。これは単に、目先の年収が半減するからではありません。この日系企業が典型的な年功序列型の会社であるため、いくら力があっても、いくら成果を挙げても、高いポジションに早く上がったり、年収が上がったりする見込みがほとんどないのです。以前のような年収に戻るのに順調にいっても10年以上はかかるでしょう。また、新卒で入っている人が会社の大半を占めており、そのようなカルチャーの中で、外様の社員が活躍するのはかなりたいへんだと予想されます。これでは、いままで積み上げてきたキャリアや実力が活かされません。このように、〝回収〟の見

収穫期を設けておけば、目先の年収に翻弄されない

込みが立たないことからも、あまりにもったいないと思われるのです。

確かに1000万円台後半～2000万円台の年収となる事業会社の幹部ポジションの案件は膨大にあるわけではありません。これは、企業内の幹部クラスのポジションは、もともと数が少ないという事情によります。しかし少し長いスパンで様子を見ていれば、そのような案件も出てきます。これはタイミングの問題となりますので、焦らないことが大切です。

「社内営業」でキャリアを勝ち取る
――会社まかせ、運まかせからの脱却

まじめに仕事をしてもキャリアが開けるとは限らない

長いお付き合いをしている戦略コンサルタントの前田さん（仮名）が、久しぶりにご相談にいらっしゃいました。とても真面目な素晴らしい女性で、いつも担当したプロジェクトのために全力で仕事に打ち込んでいらっしゃいます。目の前のクライアント企業のために徹夜もしながら、土日もがんばって働き、3か月間走ってプロジェクトが終了するとバタンと倒れます。そして、すぐに次のプロジェクトに上司からアサインをされ、またバーッと3か月間走り続ける……。こんな感じで6年間やり抜いてきました。

前田さんは、「あまりにいろいろな業界、テーマのプロジェクトにアサインされてしまい、何でも屋のような経験になってしまいました。一生懸命にがんばってきたつもりなのですが、このまま、この会社にいて大丈夫なのでしょうか……」とお悩みでした。

プロとして、クライアント企業のために全力で仕事に打ち込む。このことはとても素晴らしいことだと思います。しかしキャリアの観点から見ると、自分がどういう人間になるのかという計画なしに、ひたすらマジメに経験を積んでいっても、どのような結末になるかは〝運次第〟ということになります。一生懸命にがんばってきたのに、気がついたら自分が身につけたいと思っていた分野のスキルをほとんど磨けていなかったり、場合によっては自分がやりたくない分野の専門スキルが身についていたりします。

望むキャリアを実現したいのならば、自分が経験する仕事を〝会社まかせ〟や〝運まかせ〟にせずに、主体的にキャリアをつくっていくという視点が必要不可欠です。自分の人生設計がある中で、「いまは、こういうことをやる時期だ」というプランを立て、「だから、当面のプロジェクトではこのような力を身につけるべきだ」というような視点です。例えば、「当面は、新規事業に関する経験を身につけるべきだ」と考えたならば、社内営業などを通じてそのようなプロジェクトに入れるようにコントロールするわけです。

社内営業を通じて望む仕事の経験を積む

確かに、社内営業の得意な人と苦手な人がいます。しかし苦手だからといって、上司から言われた仕事をとにかくこなしているというのは危険な兆候です。私も新卒でシンクタンクに入社した際、自分にとっては明らかにフィットしないプロジェクトに入れられて、「これは困ったな」というところからスタートしました。それでもどうにか自分をアピールしようと思い、社内で勉強会を立ち上げたり、外部向けの季刊誌や新聞に記事を寄稿したりすることで露出していき、自分がやりたい仕事が自分のほうに来るように変えていきました。一旦、自分がやりたい仕事で経験を積めれば、「経験がある」という扱いになりますので、次のプロジェクトにアサインされやすくなります。そのようになると、その次はもっとアサインされやすくなるという好循環に入っていきます。

繰り返しになりますが、プロとして目の前の仕事に打ち込むこと——それ自体はとても素晴らしいことです。また、自分がやりたい仕事だけを選ぶこともできないことも多いでしょう。大切なのは、いま自分が積んでいる経験が、自分の進みたい方向に向かっているのかどうかを常に意識をすること。ズレた方向に進んでいるようであれば、軌道修正するように手を打っていくことです。「上司や会社から与えられた仕事をちゃんとマジメにやっていけば、いつかいいことが起こる」と一方的に信じないことが重要です。

「市況」を味方につける
――あまり知られていない決定的要素

人材市場の市況が合否を分ける

転職活動を成功させるために大事なことは何でしょうか？

「実力」「実績」「学歴」「在籍企業のブランド」「年齢」「選考対策」「求人情報」……。さまざまなことが考えられますね。確かにどれも大切ですが、これだけではありません。なんと！本人の〝努力なし〟に転職活動が有利になるという、決定的に重要な要素が他にあるのです。

あまり知られていないのですが、人材市場の「市況」が、転職活動の成否にとても大きな影響を与えています。採用意欲が高い時には、人気企業にも受かりやすいうえ、高い年収、高いポジションを獲得しやすくなります。逆に採用意欲が低い時は、受かりにくいうえ、いい年収やポジションを得にくくなります。いわゆる「実力」や「努力」とは無関係だということがミソです。

しかしながら、合否には非常に大きなウェイトを占めるため、この事実を知ってキャリア設計をするか否かで、後のキャリアが大きく変わってしまうのです。実際に、コンサルティングファームや投資銀行などの人気企業も、時期によって入社難易度は大きく異なっています。極論ですが、同じ候補者でも「今年受けたら落ちるけど、来年受けたら合格する」ということもあり得るのです。

もう少し具体的に見ていきましょう。

リーマンショック後の2008年後半から2009年にかけて、投資銀行やコンサルティングファームでも多くのリストラが行なわれました。まさに人材市場の「市況」が非常に悪い時です。ただでさえ企業の採用意欲の低い時に、人材市場ではたくさんの投資銀行出身者やコンサル出身者が転職活動をしているという状況でした。彼らは、業務スキルが低くてリストラされているわけではなく、部門そのものの閉鎖や事業撤退などという非常事態に巻き込まれたのであって、本来は極めて優秀な人材です。このような市場で転職活動をせざるを得なくなった方は不運と言えるでしょう。本来の実力に見合ったよい機会を得ることは難しくなってしまいます。転職する必然性がない人は、わざわざこのように人材市場が悪い時に活動しないほうがいいでしょう。無理に転職活動して選考に落ちると、企業側に不合格の履歴が残って再チャレンジが困難になる場合もあるため注意が必要です。

一方、2012年以降、人材市場の「市況」は非常にいい状態になっています。このような時期に転職すると、キャリア上、明らかに有利となることが多くなります。実際、コンサルティングファームやインターネット系成長企業、有名外資系事業会社、投資ファンドといった人気企業で、未経験者も含めた大規模な採用が行なわれてきています。この時期に、未経験で前記企業への転身に成功されている方が多数いらっしゃいます。また、経験者の方が、業界内で即戦力として転職すると、年収が2倍以上に跳ね上がるというような事例も珍しくありません。そして、一度、いい企業、いいポジションに就くと、ネクストステップでもいい機会を得やすくなるという点も大きなメリットです。市況を味方につけることができると、キャリア設計上とても有利なのです。

このように比較するだけでも、人材市場がいい時の転職活動が望ましいということがわかりますが、そのタイミングでの転職活動をお勧めする理由がもうひとつあります。それは、年齢との兼ね合いです。例えば、「いまは会社のボーナスがいいから、あと2年くらいしてから転職活動しよう」と判断した場合、2年後に市況が悪くなっていたら、転職したくても転職できない状況がそこから数年間続く可能性もあります。そうなると、市況がよくなった頃には、今度は年齢制限で転職が難しくなってしまったというようなことも起こり得るのです。人材市場は常に変化しており、将来の市場を予測することは極めて難しいものです。特に未経験の領域へキャリアチェンジを考えている人は、市況のいい時を逃さずに転職活動をしておくことが大切でしょう。

市況がいい時に動き、悪い時には動かない

いい時に動き、悪い時に動かないが鉄則

このように考えると、基本は人材市場がいい時に転職を検討するという意識を持っておくほうが望ましいと言えます。逆に人材市場が悪い時は、少し我慢してもいまの会社に残っているほうがいいケースも多々あります。私もリーマンショック直後は「いまはまだ会社に残ったほうがいいです」と、なるべく転職をしないようにアドバイスをしていました。

転職のタイミングというのは、難しいものです。しかし、いい転職を実現させるためにも、「いつ転職活動するのか？」は極めて重要なトピックです。特に中途採用の転職では、入社時期を選べない新卒採用と違って、自分で活動の時期を決めることが

できます。これは極めて大きな差と言えます。人材市場のいい時に転職活動するには、信頼できるキャリアコンサルタントと定期的にコンタクトを取りながら、機を逃さないようにすることがポイントとなります。「いつか転職しよう」と漠然と考えている方は、人材市場の善し悪しが合否に直結するという事実を踏まえつつ、ご自身のキャリアを見直してみることをお勧めします。

「転活リテラシー」を上げる
——実力があるのに、書類選考で落ち続ける理由

転活リテラシーを身につけないと大損する

私たちの会社に相談にいらっしゃる方の中には、他のエージェント経由や自分で転職活動をした結果、あまりうまくいかず、思い悩んで相談にくるケースも数多くあります。ここ1、2年、そのような相談が増えているように思います。

先日相談にいらっしゃった30代半ばの武田さん（仮名）も、まさにそのケースでした。他の人材紹介会社経由で応募した5社がすべて書類選考でNGとなってしまったそうです。出

身大学や在籍企業での実績を聞いてみると、「なぜ、こんな素晴らしい方なのに書類で落ちてしまうの？」というほどの経歴です。応募先企業にもフィットする経歴で、問題なく通過しそうでした。確かに書類選考は運の要素もあります。しかし、全滅というのは理解しがたい。そこで、「どんな書類で応募しましたか？」と尋ねて資料を拝見するとびっくりしました。なんと、メモ書きのような職務経歴書で応募されていたのです。

実は、このようなケースは珍しくはありません。特に、武田さんのように優秀な方の中に「自分には実力があるから、当然、転職志望先の会社に採用してもらえるだろう」と気軽に応募される方がいらっしゃいます。

しかし実際の転職活動においては、「転活リテラシー」とも言える、身につけておかなければいけないベーシックなスキルがあるのです。これを知らないと、いくら実力があっても、素晴らしい経歴があっても、あっさり選考に落ちることも起こり得ます。例えば、先の書類選考についても押さえるべき一定の作法があります。転職関連の雑誌や記事で書かれていることの中にも、誤っているものが時々見受けられますので注意が必要です。書類や筆記試験や面接などにおける正しい「転活リテラシー」を知り、しっかりと対策をしておかなければ、せっかくの実力を伝える機会すらないまま不合格となります。

「そんな小手先の努力をしないと入れないような企業には落ちてもいい」と思う方もいるかもしれません。しかしながら、日本中の名だたる人気企業のほとんどが、そのようなポイントを押さえていないと、選考においてNGとしているのが実態です。逆に言うと、相手に考えさせる負荷を押しつけるのではなく、自分の魅力・実力をわかりやすく誤解のないように伝える努力をできる人が、これらの人気企業から求められているということなのでしょう。

転職活動で当たり前のことをきちんとやる

そこで、弊社に相談にいらっしゃった方の多くは、履歴書や職務経歴書を書き直し、志望動機を練り直して志望理由書も再構築していきます。他の人材紹介会社経由でNGとなった方が、わかりやすい書類を一緒に作成し直したうえで、弊社から再応募すると内定してしまうということは珍しくありません。驚いたことに、応募者の方の実力や経歴は何も変化していないのにもかかわらず、です。これは、転職活動のスキルというものが存在しており、そのスキルの有無が人生に大きな影響を与えるということの証明に他なりません。

面接に際しても、どのように話すかについて練習を行ないます。ここで行なっていることは、その方の魅力を等身大以上にアピールできるようにするということではありません(笑)。端的には、「応募者の経歴・人物をわかりやすく説明する」ということを押さえているだけとも言えます。しかし実際に面接練習を行なってみると、上手に答えるのは非常に難しいものです。1000人を超える抜群に優秀な皆さんのご支援を私もさせていただきましたが、

「完璧で、面接の練習をする必要がなかった」というケースは1%くらいでしょう。ぜひ、ご留意ください。

さらに、最近では人気企業を中心に「ケースインタビュー」が課せられることが増えてきています。ケースインタビューとは、特定のビジネスシチュエーションを想定して、面接官とディスカッションが行なわれる特殊な面接です。ケースインタビューがある場合には、特に入念な事前準備が必要となります。

転職活動において押さえておくべき当たり前のことをやるかやらないかで、決定的に結果に差が出てきます。しかも、その準備には大型資格取得のような膨大な時間と労力がかかるわけではありません。私たちが冗談まじりに「最も時給の高い勉強」と呼ぶ所以です。

「強い応募ルート」を見つける
――人材業界の人間だけが知る「驚愕の差」

応募ルートによって合否が変わる

転職活動で志望先企業の選考試験にエントリーをする時、さまざまな応募ルートがあります。企業の採用ページから直接申し込む自主応募、人材紹介会社のキャリアコンサルタント経由の応募、志望先企業に勤める知人経由の応募などが挙げられます。もちろん、どの応募ルートを選ぶかは応募者の自由ですが、応募ルートによって結果が変わってしまうことも珍しくないという事実はあまり知られていません。

私自身もキャリアコンサルタントの仕事に就くまで、応募ルートによってそんなに結果が違うとはまったく知りませんでした。応募者の実力は同じままなのに、応募ルートを工夫するだけで合否が変わってしまう……。まさに費用対効果の高い、知っておいたほうがお得な転活リテラシーのひとつと言えるでしょう。

まず、自主応募でエントリーした場合について考えてみましょう。自主応募でエントリーしている方にお話をうかがってみると、「人材紹介会社経由で応募すると、入社する時に企業側が人材紹介会社に報酬を支払わなければならない。そのようなコストがかからない自主応募のほうが企業側に好まれるのではないかと思っていた」という方もいます。つまり、入社後に採用企業から人材紹介会社への報酬が発生しないため、自主応募のほうが内定を獲得しやすい可能性があるのではないかという推察です。確かに多くの人材紹介会社は成功報酬型で候補者の紹介を行なっているため、このような判断をする企業もあるでしょう。このあたりは応募先企業の状況によっても異なってくるところです。通常、採用に対して一定水準以上のコスト負担をできない企業の場合、そもそも人材紹介会社を活用せず、求人広告で採用を行なっているケースがほとんどです。そのような企業への応募の場合は、自主応募で進めていくのが得策です。

それに比べて人材紹介会社を活用している企業は、優秀な人材を獲得できれば、その方のパフォーマンスによって人材紹介会社への報酬などすぐに回収することができる体制が整っているのです。具体的な例で考えてみましょう。コンサルティングファームが人材を採用した際に、紹介会社へ支払った費用が300万円（年収1000万円×30%）だったとしましょう。それでも、年収1000万円クラスのコンサルタントをたった1年間稼働させるだけで、コンサルティングファーム側で得られる利益は数千万円にもなります。そのため、300万円程度のコストは、あっという間に回収が可能です。個人の感覚では人材紹介会社への費用は高く感じるかもしれませんが、優良企業からすればほぼ気にならないコストなのです。むしろ、このような優良企業は応募者が多過ぎてしまい、面接などの対応が仕切れなくなります。そのため、人材紹介会社を活用してスクリーニングをしてもらってから、いい人とだけ面接をする体制を取っているのです。

このような事情から、人材紹介会社を活用して採用している優良企業への応募であれば、キャリアの専門家からアドバイスをもらいながら自分にフィットする企業を見つけたり、選考対策をして合格率を高めたり、応募企業へ強くアピールしてもらったりと、さまざまなメリットのある人材紹介会社経由で応募する方が多くなっています。通常、相談者は、人材紹介会社からこのようなサポートを無料で受けることができるというのも大きなポイントです。

内定を勝ち取る応募ルートを選ぶ

では、人材紹介会社のキャリアコンサルタント経由の応募ルートについて考えてみましょう。人材紹介会社ならば、どの会社経由で応募しても同じというわけではありません。書類・筆記・面接など選考対策をしっかりサポートしてくれる人材紹介会社か否かということも大きなポイントとなりますが、それ以外にもいくつか差がつく理由があります。

ひとつは、人材紹介会社が応募先企業と築いている信頼関係の水準の差にあります。例えば、経歴がやや弱い場合でも「この候補者は普段ご紹介している方と比べて経歴が異なりますが、人物面で非常に魅力がある方なのでご紹介しました」と信頼できるキャリアコンサルタントが紹介すると、「いつもいい人を紹介してくれている〇〇さんからの紹介ならば、きっと優秀な人に違いない」と採用企業側も考えてくれます。面接にさえ行くことができれば、しっかり選考対策して進めることで内定を獲得するということは十分にあり得ます。

もうひとつの理由は、キャリアコンサルタントの説明能力の差にあります。キャリアコンサルタントが、企業側の事業戦略を踏まえて候補者の価値を説明できるか否かで選考の間口が変わってしまうのです。例えば、通常ならば年齢で書類NGとなる方でも、キャリアコンサルタントが「この方は年齢が高いのですが、このような業界に強いネットワークを持っていて事業を拡大できます。御社はこの領域を強化したいとうかがっておりますので、あえてご紹介をさせていただきました」と説明できれば、「それなら、ぜひ一度会ってみたい」となるわけです。

キャリアコンサルタントは、人材要件を企業から聞いてくるだけの伝書鳩のような存在ではいけません。企業の戦略を理解することで、応募先企業の隠れたニーズを掘り起こして提案できるのが優れたキャリアコンサルタントなのです。

このようにどの人材紹介会社経由で活動するかはとても重要なポイントになりますが、実際にはある程度一緒に活動をしてみないと善し悪しがわからないため、いい人材紹介会社を見つけるのは難しいものです。この点が人材紹介会社経由で転職活動を行なう際の最も大きな問題と言っていいでしょう。少し手間がかかりますが「日本人材ニュース」などの人材紹介・ヘッドハンティング業界の専門誌を活用し、まずは幅広く人材紹介会社のキャリアコンサルタントと会うことが王道です。そして、キャリア設計の能力や知識を確認し、いいキャリアコンサルタントを焦らずに見つけることをお勧めします。

最後に、志望先企業に勤める知人経由の応募はどうでしょうか。ポジティブな面としては、その知人のサポートによって内定を獲得しやすくなるということがあります。これはたいへんありがたいことで、転職において大きな支えとなります。一方、ネガティブな面としては、選考で話が進んでしまった後で、辞退しにくくなるということがあります。知人がサポートしてくれたにもかかわらず「やはり辞退します」となると、知人の顔に泥を塗ることになってしまいます。さらには、その知人が会社の中で高い評価を受けていない場合、社内では「あいつの紹介だろ?」とネガティブな印象がついてしまうリスクがあることにも注意が必要です。志望先企業の内情をよく知り、内定した場合は辞退する可能性が低く、知人への社内評価もわかっている場合には、有力なルートとなる可能性があります。

第5章

劇的に人生を変えるマジックがある

——プロが編み出したキャリアの飛躍術

「ハブ・キャリア」で業界・職種を飛び越える

――キャリア設計の〝マジック〟

キャリアチェンジの矛盾を解く

キャリア設計を考えていくと、大きな壁にぶつかることがあります。それは、志望職種の応募資格に該当する業務経験がないというジレンマです。

一般的にネクストキャリアは、前職までの経験にかなり縛られます。経理職の採用では経理業務の経験者が求められ、人事職の採用では人事業務の経験者を求められるというように、通常、該当する業務の経験者が採用されるためです。そうなると、自分がやりたい仕事にキャリアチェンジするためには、すでにその仕事の経験を持っている必要があるという〝矛盾〟が生じます。このような現状から、一般的な転職手法のみでは、大きくキャリアを変えることはたいへん難しいのです。

この矛盾を解くために効果的なのが、「ハブ・キャリア」の活用です。ハブ・キャリアとは、さまざまな業界・職種から入ることが可能で、かつ、さまざまな業界・職種へ転出することが可能な仕事です。世界中のフライトの発着拠点となるハブ空港になぞらえて、私はハブ・キャリアと呼んでいます。

ハブ・キャリアの代表例は、戦略コンサルタントです。コンサル未経験でもポテンシャル採用で入社することが可能で、かつ、次の転職でも幅広い選択肢が生まれます。戦略コンサルタントは、さまざまなプロジェクトを通じて経営課題を解決する高い専門能力を習得します。そのため、外資戦略系コンサルティングファームや総合系コンサルティングファームの戦略コンサル経験者は幅広い業界で重宝され、大手事業会社や成長企業のみならず、投資銀行やファンドなどさまざまな分野に転身する機会があります。

ハブ・キャリアは、戦略コンサルタント以外にも、さまざまな種類があります。時代によっても変化するため固定的に解説することはできませんが、例えば、今後はインターネットビジネスまわりの職種がハブ・キャリアとして注目されるでしょう。あらゆる企業が何らかの形でインターネットをビジネスのプラットフォームとせざるを得ない現代においては、そのインターネットビジネスの事業推進に関する経験を持つ人を採用したいというニーズは明らかに大きくなってきています。

ハブ・キャリアを活用して大きくキャリアチェンジする

このようなハブ・キャリアを上手にキャリア戦略の中に組み込むと、無理なく大きなキャリアチェンジを行なうことができます。

例えば、「証券会社のシステムエンジニア」➡「戦略コンサル」➡「消費財メーカーの経営企画幹部」といった転身も珍しくありません。ハブ・キャリアを挟むことで、見事に業界も職種も入れ替わっています。しかも、この転身を通じて、新しい業務を学びながら年収も上がり続けています。まるでマジックでも見ているかのようです。

このような手法を理解しているか否かで、キャリア設計の幅が大きく変わり、自分の人生の可能性が大きく変わります。私がコンサルティング業界のキャリアを多くの方にお勧めしてきているのは、「目先の年収UPを目指しましょう」という短絡的な意味ではありません。過去のバックグラウンドの縛りを受けず、さまざまな業界を跨いで、経営幹部ポジションをはじめとする望むゴールへ至ることができる貴重なキャリアだからです。実際に、私がコンサルティングファームへの転身を支援した数多くの相談者が、ネクストステップとして希望する業界の経営幹部や社長として活躍されています。

もちろん、戦略コンサルをはじめとするハブ・キャリアに入るためには、クリアしなければならない条件もあります。さすがに誰もが入れるというわけではありません。また、ハブ・

さまざまな業界から入り、さまざまな業界に飛び立てる「ハブ・キャリア」

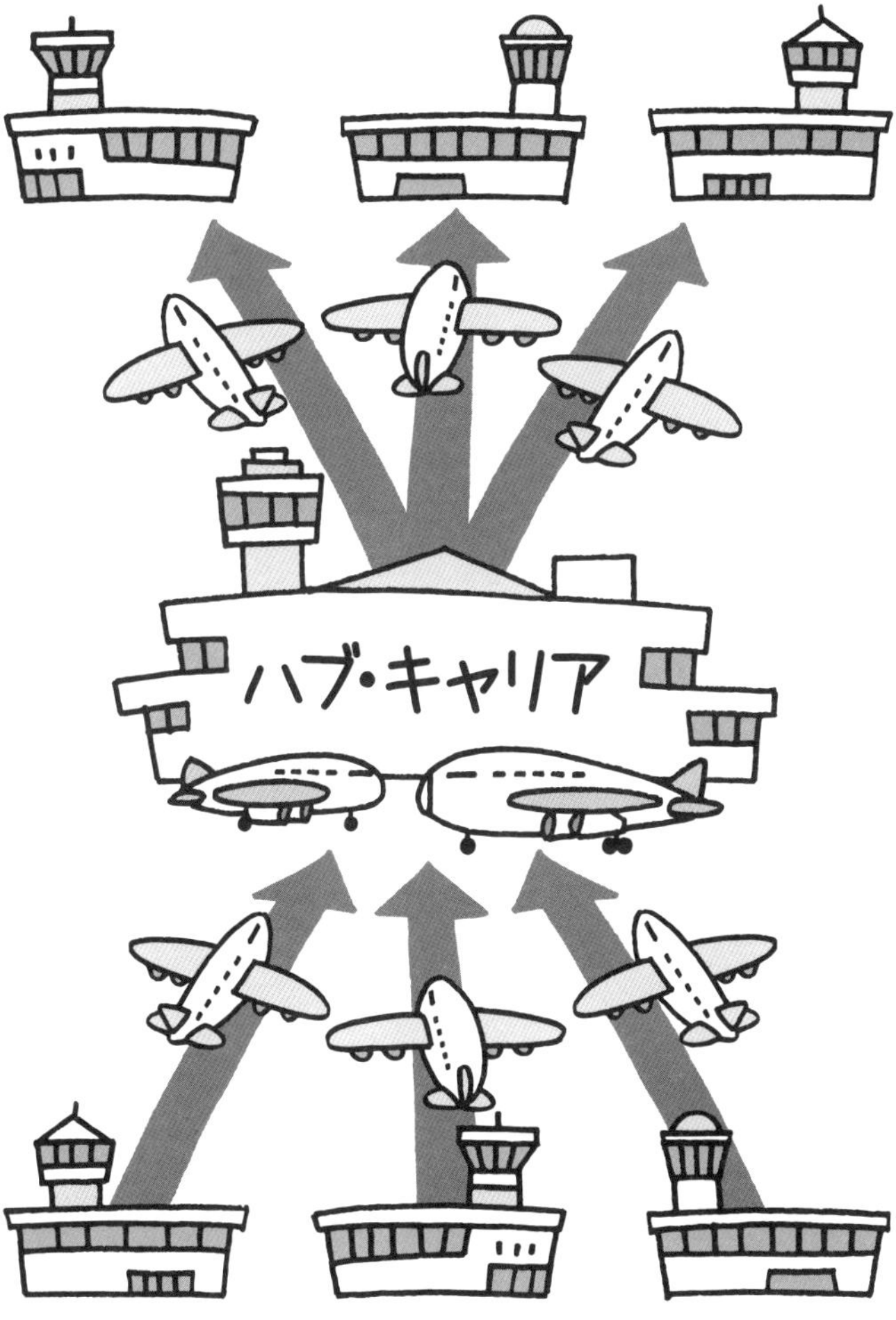

キャリアとは言え、万能ではありません。例えば、戦略コンサルを経験しても、法務やシステムエンジニアへの転身は難しいでしょう。ハブ・キャリアは、主に経営幹部や経営企画、新規事業責任者、ブランドマネージャーなどのマネジメントポジションへの転身に効果的です。

このように、実際にどのように活用するかについては多少の注意が必要ですが、読者の多くの方にとっては、たいへん役立つキャリアになると思います。

手堅く、安全に「起業」する
——ベンチャー企業やNPOを通じて社会を変える

起業によって社会にインパクトを与える

起業するということの醍醐味は、単に高い収入を得られるということや、自由に意思決定できるということではありません。最大の魅力は、事業を成長させ、自身のビジョンを実現することで、社会へインパクトを与えていける点にあるでしょう。本項で扱う起業に向けたキャリア設計は、いわゆるベンチャー企業の立ち上げだけでなく、社会起業やNPOの立ち上げにも活用できます。

最近流行の「やりたい仕事に就けないなら、とにかく自分で起業してしまえばいい」という発想はやや危険です。「要はやるか、やらないかだ」という熱い誘いに乗って勝負に出るのはあまりにリスクが高い。当たり前ですが、経営に関する見識やスキルなしに起業してうまくいく人はごくわずかです。

一方、環境が整った現代では、計画的にキャリアを積むことでリスクを抑えながら起業することができます。いまや「起業」は、「いつかチャレンジしてみたい」という憧れではなく、極めて現実的なキャリアのひとつなのです。社会で何かを成し遂げたいという想いを持つ方には、ぜひ検討をしていただきたいと考えています。読者の方には、関心をお持ちの方も多いでしょうから、少し長めにページを割いてお話をしようと思います。

起業は現実的なキャリアのひとつになった

まず、起業が身近なキャリアとなった背景のひとつが、インターネット環境の発達です。インターネットビジネスは、従来のような製造業での起業と異なり、先行投資に必要な資金が非常に少なくて済むというのが大きな特徴です。先行投資は少ないにもかかわらず、国境も越えて、短期間で幅広く世界にサービスを展開することも可能となります。さらに、トライ&エラーで事業の方向性を修正しやすいという柔軟性もあります。これによって、起業のリスクをミニマムに抑えながら、社会に大きなインパクトを与える事業のスタートアップが可能になりました。また、業態がインターネットビジネスでないとしても、少額でマーケティングや採用を行なうためにインターネットは欠かせません。

そして起業の敷居が低くなったもうひとつの背景は、若いうちから経営者として必要な知識やスキルを習得できる場がたくさん生まれたということです。一昔前であれば、どんなに優秀な方でも、20代から会社の中で経営戦略を立案する機会はほぼなかったでしょう。名門大学を出ている人でも、現場の営業マンからスタートすることが一般的でした。10年、15年と実績を挙げることで、ようやくマネジメント層としての経験を積みはじめることができる……。場合によっては、40代、50代になってはじめて会社の戦略立案に携わるということになります。それに比べて、現代はコンサルティングファームやベンチャーキャピタルをはじめとするプロフェッショナルファームで、20代前半から経営に関する知識やスキルを磨くことが可能です。また、成長企業では、20代で経営幹部として働くチャンスもあります。

これらの大きな環境変化により、一か八かの勝負という要素の強かった「起業」が、しっかりと計画的に経験を積むことで、実現可能なキャリアとなりました。もちろん、十分なスキルや経験のない状態での起業は、依然として大きなリスクを伴います。本気で起業したいとお考えの方は、身につけておくべきスキルや経験を意識してキャリアをつくることが大切です。具体的には、戦略やマーケティングに関するスキル、リーダーシップやマネジメント経験、新規事業立ち上げの経験、起業する領域における人的ネットワーク、顧客や資金などが代表例として挙げられます。

もちろん、起業するビジネスによっても必要なものは変わりますし、全部を用意してからスタートしなくても構いません。ただ、これらを意図的に準備してからチャレンジするかどうかが、起業の成否に大きな影響があるのは間違いないでしょう。

戦略コンサルティング経験を積んで起業する

それでは、起業に向けた具体的なキャリアパスにはどのようなものがあるのでしょうか？ひとつは、以下のような3ステップで、戦略コンサルティングの経験を活用するキャリア設計があります。①コンサルティングファームやシンクタンクに入社して、全社戦略立案、マーケティング、新規事業戦略などの経験を積む。➡②起業しようと考えている領域に近い業界に入り、業界知識、スキルを身につける。➡③その後、その業界の問題を解くビジネスを起業する。

起業に向けたキャリアパスという観点で見ると、ＩＴ系や組織人事系のコンサルティングよりも、戦略立案も含めた幅広い領域のプロジェクトを経験できる戦略系のコンサルティングが望ましいと言えます。戦略コンサルタントは、さまざまな業界や業務領域で経営上の問題解決を経験するため、起業家に求められるスキルや経験を身につける機会に恵まれているのです。マッキンゼーなどの戦略系コンサルティングファームの出身者や、アクセンチュアなどの総合系コンサルティングファームで戦略コンサルを経験した人で活躍している起業家が多いのは、まさにこのような理由によります。

ただ、「戦略コンサルの後に、いきなり起業しない」というのも、成功の確度を上げるうえで重要なポイントのひとつであるということも併せてお伝えする必要があります。「戦略コンサルティングファームでの経験が、起業では役に立たなかった」と言う起業家も見かけますが、これは、戦略コンサルの経験のみでカバーできる部分が想定より少なかったと解釈するのが妥当でしょう。事業を推進していくうえで、その業界の知識やスキル、ネットワークはとても重要です。業界内で働いた経験があれば知っていて当然の法的な知識や発生しがちなトラブル、それらを未然に防ぐ手段などを知らないままスタートすると失敗をする可能性が高くなります。例えるなら、教習所で練習をしないまま、いきなり公道に出て運転の練習をするようなものです。起業は、経営の練習の場ではありません。実践の場です。ただでさえ、起業は未知の経験の連続となります。できる限り練習をしてから公道に出るようにしましょう。

もうひとつ、戦略コンサル出身者の起業で注意すべきことは、大企業の経営と起業の経営は異なるということです。戦略系コンサルティングファームのクライアントの多くは、大企業です。一方、起業の多くは、数人から始めるベンチャー企業です。「グローバル展開する大手鉄鋼メーカーの全社戦略を考えること」と「インターネットとPC、電話しかないところから、数千万円、数億円程度の売上げをつくり出すこと」は、同じ〝経営〟と言ってもスキルセットが異なります。ゼロから1をつくり出す経営と、100を1000にする経営は、求められるスキルにおいて異なる面があるのです。これも、戦略コンサル出身者が「コンサル経験が役立たなかった」と言う理由のひとつでしょう。

ベンチャーキャピタルで経験を積んで起業する

この欠点を補うパスのひとつが、ベンチャーキャピタルというキャリアです。ベンチャーキャピタルでは、スタート間もない企業や、大きくても売上げが数十億円程度の企業を対象に経営支援を行ないます。小さな企業が成長過程においてどのようなトラブルに直面するのか、そのトラブルをどのように解決すればよいのか、大手広告代理店などと付き合うことができない少額の予算でどのようにマーケティングを実施すればよいのか、誰も応募してきてくれない無名の企業でどうすれば優秀な人材を採用できるのか……。ベンチャーキャピタルでは、まさに起業家が直面する問題について、日々経験を積むことができます。

また、ベンチャーキャピタルには、出資を求める多数の企業からビジネスプランが持ち込まれます。キャピタリスト側からも、有望だと考える企業のビジネスプランを見極めて出資のアプローチをしていきます。そして、投資先を審査する過程で膨大な最新のビジネスプランに触れることになります。この一連の業務を繰り返すことによって、どのような事業を立ち上げればうまくいくのか、どのような事業だとうまくいかないのかがわかってきます。これも自身の事業プランを考える際に、大きなアドバンテージとなります。

このように整理すると、起業を目指す人にとって、コンサルやベンチャーキャピタルなどのプロフェッショナルファームは非常に有益であるということがわかると思います。もちろん、ここで取り上げた事例以外にも、インターネット企業でのキャリアを活用する方法など、起業に向けて有利なキャリアはさまざまです。本気で起業を目指している方は、ぜひ将来の起業に向けて役立つスキルや経験を身につけておくことを意識してキャリア設計してください。また、所属していた会社には、自身の夢に向けて役立つ貴重な経験を積ませてもらうわけですから、しっかりと大きな貢献をしてから卒業するようにしたいものです。

ここで、もうひとつプロフェッショナルサービスでの起業というキャリアについても触れておきましょう。例えば、大手の法律事務所で活躍していた弁護士が独立して法律事務所を立ち上げたり、公認会計士が会計事務所や税理士事務所を立ち上げたりするパターンです。最近では、大手のコンサルティングファームから独立するコンサルタントもたいへん多くなってきています。「起業（独立）」というと、このようなパターンをイメージする方も多いかもしれません。

このキャリアパスにおいて重要な要素となるのは、その領域のプロフェッショナルとしてのスキルと営業力です。当然ながら、腕のない弁護士やコンサルタントに発注する企業はありません。独立後は師匠となる上司もいなくなりますので、自分自身が一流の腕を持っている必要があります。また、いくら腕がよくても案件を受注できなければ食いっぱぐれてしまいますので、営業力は必要不可欠です。自分に営業力がなくても、営業マンを雇えばよいという考えもありますが、それは少々危険かもしれません。営業マン頼みの経営をしていると、食い扶持を稼いできているトップセールスマンに経営の主導権を奪われたり、場合によっては追い出されたりするようなパワーゲームが発生したりすることも珍しくないのです。事業の立ち上げ時においては、経営陣のパワーバランスに十分に配慮することが大切です。起業家が代替不可能な機能となるポジションを確保できない構図になると、経営陣の意見が分かれた時に事態を収拾できず、事業そのものが崩壊してしまうこともあります。したがって、自ら営業力を持つことが重要なのです。

プロフェッショナルサービスでの起業は、まさにプロフェッショナルファームで活躍していた人の特権とも言えるキャリアパスです。コンサルティングファームや会計事務所でパートナーやマネージャーまで昇格されている方から、事業会社のマネジメントポジションに就きたいという相談をよく受けますが、ぜひ一度、このキャリアパスの可能性についても検討していただきたいと思っています。ＩＴコンサルのプロジェクトマネジメント経験と営業経験を持つ方ならば、ＩＴコンサルタントとしての起業。そしてＭ＆Ａアドバイザリーでのマネジメント経験と営業経験を持つ方ならば、Ｍ＆Ａコンサルタントとして起業できる可能性があります。ご自身の経験を活かせば、起業も無理なく十分に可能であることをお伝えしたいと思います。

手堅く仕組み系ビジネスに転じる

さらに、応用編としては、プロフェッショナルサービスから起業し、サラリーマンでは不可能なレベルの資金を集めておいてから仕組み系のビジネスに進出するという方法もあります。仕組み系ビジネスは、どうしても当たり外れがありますが、プロフェッショナルサービスでの起業を挟むことでリスクを下げることができます。実際、インターネット業界で活躍する著名な経営者の中にも、M&Aアドバイザリーやインターネット関連のコンサルタントなどのプロフェッショナルファームからスタートしている人がいます。

会社が世の中をよくするプラットフォームになる

起業というキャリアは、自分自身で経営の意思決定ができるという楽しさがあります。事業そのものをリードできる立場としてのやりがいは、とても大きいものです。事業の成長に伴って会社のリソースを活かしながら、社会的にインパクトのある取り組みを仕掛けていくことが可能です。社会で何かを成し遂げたいという志を持つ方にとっては、自身の会社そのものが志を実現する貴重なプラットフォームになります。「世の中に何かを仕掛けたい」「日本や世界をよりよくしたい」という情熱を持つ方にとって、非常に面白い時代になったと言えるでしょう。

海外におけるビジネス経験
――日系企業で爆発的な需要

引く手あまたの海外ビジネス経験者

現在、海外でビジネスをリードできる人材への需要が非常に高まっています。実際、私たちの会社にも、そのような人材を採用したいという依頼が毎日のように舞い込んできます。

グローバル展開している大手企業からは、世界中のさまざまな地域の現地法人の社長や副社長という幹部クラスや、海外事業の戦略立案をできる経営企画スタッフなどの採用を早急に進めたいというご相談がきます。

また、大企業のみならず、中小企業ですら海外進出を考える時代です。インターネット系をはじめとする成長企業も、ものすごいスピードで海外進出を行なっており、海外事業をリードできる人材を探し求めています。

いまや日本のベンチャー企業も、シリコンバレーのベンチャー企業同様、設立時から事業計画に海外進出が盛り込まれている会社も珍しくありません。身近なところでは、私たちの会社が出資しているベンチャー企業も、設立当初からそのような計画を盛り込んでいました。実際、設立して2年目に海外に事業展開を開始し、4年目には海外に本社を移しました。

さらにコンサルティングファームも、日本の大手企業から海外進出に関するプロジェクトをたくさん受けています。日本で展開している既存サービスを海外に展開したり、現地企業を買収して一気に市場参入したりなど、コンサルタントはクライアント企業に海外進出の方法を提案しています。また、最近では進出した海外子会社の事業がうまくいかないので立て直したいという相談や、場合によっては撤退したいという相談も増加しているようです。このようなテーマが、戦略系、シンクタンク、IT系、財務系、組織人事系のコンサルティングファームで最もホットになっています。したがって、コンサルティングファームの採用においても、海外におけるビジネス経験がある方は引く手あまたになっているのです。

このようにさまざまな立場の企業が、海外ビジネス経験者を求めています。しかも、この流れは、今後10年、20年ますます加速することはあっても、需要がなくなることはないでしょう。需要の高さに比して、ビジネス英語を使える人材や海外でビジネスをした経験を持つ人材が圧倒的に不足しています。そのため、海外でのビジネス経験がある人材は人材市場で引く手あまたとなっており、オファーの条件もたいへん有利になっています。

海外ビジネス経験を積める環境を見つける

具体的には、どのような人材が求められているのでしょうか？　すでに進出している海外事業を成長させたり立て直したりする海外子会社の経営ポジションであれば、その地域における事業経験がある人が望まれます。地域はさまざまですが、やはり成長している地域でのニーズが特に高くなっています。現在は、東南アジア諸国の経験者のニーズが圧倒的に高く、南米やアフリカにおけるビジネス経験がある方を探している企業もあります。スタッフクラスは現地で採用を行なっているため、募集しているのは現地法人社長や副社長という魅力的なポジションであることも珍しくありません。一方、どの地域に進出すべきかを検討しているという海外進出フェーズで必要とされる人材は、特定地域の専門家というよりも、コンサルティングファームで海外進出に関連する調査や企画立案を幅広くしてきた方が好まれます。

一度海外でのビジネス経験を積むと、また次の機会を得やすくなりますので、ますます人材市場で高い評価を受けることになります。たいへん魅力的なキャリアとなることが予想されますので、関心を持っている人は語学力を身につけて、ぜひ海外でのビジネス経験を積んでいただければと思います。

一点、気をつけていただきたいことがあります。「海外でのビジネス経験＝外資系企業でのキャリア」と思っている方がいらっしゃるのですが、そこは注意が必要です。外資系企業の日本法人では、外国人の上司と英語で仕事をする機会はありますが、ビジネスの対象が日本市場にほぼ特化されているというケースも少なくありません。海外の上司と電話会議を行ない、海外に行くのは研修のみで、ビジネス経験そのものは日本国内でしか積めないということもあります。すでにビジネス英語力があるのであれば、日本企業の海外事業担当になるほうがいい経験となることも多いのです。

インターネット系キャリアの7つの魅力
——注目の次世代ハブ・キャリア

インターネット系キャリアが注目されている

名門大学を卒業して次世代のビジネスリーダーとして活躍していた20代、30代の皆さんを取り巻く採用環境は、リーマンショックを境に大きく変化しました。

リーマンショック以前は、コンサルティングファーム、ファンド・投資銀行、外資系企業などが積極的に次世代リーダーを採用していました。仕事内容やネクストキャリアが魅力的で、提示される年収水準も非常に高く、たいへん人気がありました。一方、当時はまだ給与水準が低かったインターネット系の成長企業に転職する次世代リーダーは少数でした。

しかしリーマンショック後、多くの外資系投資銀行や外資系コンサルティングファームでは、部門ごと閉鎖するような大規模なリストラが行なわれました。あらゆる業界での採用がストップする中、優秀な人材が一気に市場に流出し、まさに100年に一度と言われるほどの大きなインパクトが人材市場でも起こりました。そのような中で積極的に採用活動を行なっていたのが、インターネット系の成長企業でした。不況にもかかわらず業績が伸びていたインターネット系企業は、リーマンショック後の人材市場を好機と捉え、積極的に優秀な次世代リーダーの採用を行なって成功したのです。

その後も、ネットビジネスはますます拡大し、インターネット系企業に転職して活躍する次世代リーダーは急速に増えています。その勢いはとどまることなく、現在では、インターネット系企業への転職はたいへん有力なキャリアのひとつとなっています。

「ネット系って、単なる流行っぽい感じで嫌だなぁ……」と思われる方もいるかもしれません。しかしながら、キャリア設計の観点から分析すると、インターネット系企業で経営企画、マーケティング、サービス開発、M&A部門などの事業推進に関わる仕事には、多くの魅力があるのです。なお、これらのポジションについては、インターネット業界だからといって、SE（システムエンジニア）のようにウェブ制作やシステム開発の見識が必要なわけではありませんのでご安心ください。

魅力満載のインターネット系キャリアを活用する

それでは、インターネット系キャリアには、いったいどのような魅力があるのでしょうか。

第1に、インターネット業界の発達により、同業界に所属する恩恵を受けることができると予想されます。インターネット業界は、今後もさらなる成長が予想され、業界内における転職機会の増加が見込まれます。また、業界そのものが発展することによって、在職企業内での年収アップや高いポジションへの昇進機会の増加も期待できるでしょう。

第2に、インターネット業界外への転身のチャンスも豊富にあります。現在は、どの業界においても、デジタルマーケティングへの対応が求められています。また、新規事業を立ち上げる場合、高い確率でインターネットビジネスを検討することになります。しかしながら、一般企業の中にはネットビジネスの経験者がほとんどいないため、即戦力となる経験者をインターネット業界から採用せざるを得ません。このため、ネットビジネスの経験者は業界外に出る際にも幅広い選択肢を持ち、好待遇で迎え入れられています。一方、インターネット業界に入る場合、ネットビジネスの経験がなくても入社できる企業が多く、まさに注目のハブ・キャリアとなっています。

第3に、ネットビジネスの経験は、起業する際にもたいへん役立ちます。インターネットビジネスは、製造業をはじめとする他業態での起業と比較して、先行投資に必要な資金が非常に少なくて済むという大きな特徴があります。先行投資が少ないにもかかわらず、短期間で幅広く世界にサービスを展開することも可能なうえ、トライ&エラーで事業の方向性を修正しやすいという柔軟性もあります。また、起業する業態がインターネットビジネスでないとしても、少額で効果的なマーケティングを行なう際にインターネットを活用したマーケティングの見識が存分に活かされるでしょう。

第4に、近年のインターネット系成長企業は、立ち上げ当初からグローバル展開を計画している会社も多く、海外で働く機会も多いという点も魅力のひとつです。海外事業での経験は、現代の日本の人材市場ではたいへん有利に働きます。

第5に、ネットビジネスでは、若い経営者人材が大きなチャンスを得やすいという点も大きな魅力です。歴史の長い業界では、数十年の経験を積んだベテラン社員が過去の体験に基づいて意見を言い、若い人の意見は正論でも軽視されるということが珍しくはありません。しかしネットビジネスでは、リアルタイムで大量のデータを入手し、それを分析して効率的な事業展開を図ることができます。定量的な分析をベースに事業運営がなされているため、経験が浅いという理由で意見が却下されることもあまりありません。このため、定量的な分析に手慣れている若い経営者人材にとっては力を発揮しやすい環境と言えるでしょう。

第6に、実力があれば、若くても高いポジションや年収を得ることができます。インターネット業界には若い経営者が多いことから、実力があれば若くても役員や事業責任者として採用されます。他の業界と比べて、若手を抜擢することに抵抗感はほとんどありません。むしろ、若い人を好む傾向さえあります。そして上場後のキャッシュリッチな企業であれば、通常の年収という形で、上場前の企業であればストックオプションという形で高い報酬を支払います。これは、単に高いポジションや年収を得ることができて得だということだけではありません。このような環境が整っているため優秀な人材が集まり、彼らと一緒に働けることと自体も大きな魅力となっています。

第7に、社会問題を解決するような魅力的な事業に携わることもできます。ネット系というと、ゲーム・エンターテイメント系の企業というイメージをお持ちの方もいるかと思います。しかし、一口にインターネット系企業といっても、その業態はさまざまです。医療業界の改革や高齢化など日本が抱えている社会問題の解決にダイレクトに取り組んでいるビジネスもあります。また、いまではすっかり日常生活に溶け込んでいる大手EC事業も非常に大きな社会的インパクトがあります。さまざまな商品を自宅で24時間購入できるようになった消費者の利便性はもちろんのこと、商品を販売する企業にとっても、いまやなくてはならないほど便利なチャネルとなりました。価格比較ウェブサイトや利用者の口コミを活用しているグルメ比較サイトを運営する企業のように、消費者の行動を支援して生活の中で欠かせなくなっている情報提供サービスも多数あります。社会が抱える問題や既存の業界が抱える問題を解決するうえでも、ネットビジネスは非常に効果的です。社会貢献事業やNPOに関心ある方にも、ぜひ注目していただきたいキャリアなのです。

オーナー経営者の右腕
――いきなり大手企業の経営陣になることも

オーナー系企業が経営者人材を求めている理由

オーナー系企業で働くというと、どのようなイメージがあるでしょうか？

「創業社長は優秀だけど、ワンマン」
「中堅・中小企業が多く、給与水準が低い」
「社長に嫌われたら終わり」
「社長と苦楽を共にしてきた古株のメンバーが重用され、主要ポジションを押さえている」

なるほど……。世間では、オーナー系企業に対して、ネガティブな印象が比較的強いようです。しかし、そのような印象のあるオーナー系企業も、タイミングによっては素晴らしいキャリアとなる可能性があります。

現在、多くのオーナー系企業では、創業者の高齢化により、事業承継の課題を抱えています。若い二世経営者が古株の役員の中に一人で飛び込んでいっても、周囲をリードしていくのはなかなか難しいものです。そこで、次代の経営陣をつくるために、二世経営者の「右腕」となる同世代の経営者人材を採用したいというニーズが高まっています。具体的には、事業会社で新規事業を立ち上げてきた人、海外事業を推進してきた人、事業のマネジメントを担ってきた人、コンサルティングファーム出身者などが該当します。今後は、インターネットビジネスに精通した人材にも注目が集まるようになるでしょう。

経営者人材にとって魅力的な環境が広がる

一方、経営に関する知識や経験を持つ経営者人材から見ても、二世経営者とタッグを組んで事業経営を推進できる環境はとても魅力的です。

まず、オーナー一族に認められて入社した場合、年齢が若いうちから、いきなり事業の重要な意思決定を担う幹部の一角として入社できる可能性があります。実際に、業界を代表するような有名大企業の経営陣候補として、30代半ばの若さで抜擢されるような事例もあります。そのような場合、他の一般社員とはポジションも待遇もまったく異なります。入社後も、社内で絶大な権限を持つ二世経営者と一緒に事業を推進していくため、自ら策定した企画や改革がすぐに実行される醍醐味を味わうことができます。

さらに、既存の事業基盤を活用できることから、戦略次第では、短いリードタイムで社会に大きなインパクトをもたらすことも可能です。これは、ゼロからスタートする起業にはない魅力と言えます。自ら起業する場合は、意思決定者として自由に事業を経営できる魅力はありますが、事業が社会にインパクトを与える規模に成長するには時間がかかります。その点、オーナー系企業の幹部への転職は起業のリスクも負わず、既存の大きな事業基盤を活用しながら早期に社会に仕掛けられるという魅力があるのです。先代から譲り受ける大きな資産もネットワークも持たない一般の人にとって、千載一遇の好機と言えるでしょう。

社長が交代するバトンタッチのタイミングのオーナー系企業と経営者人材は、非常に相性がいいと言えます。このような親和性の高さから、オーナー系企業での経営者人材の外部からの登用が増加しており、注目のキャリアとなっています。私たちの会社にも、オーナー系企業からの幹部候補採用の問い合わせが急増しています。

もちろん入社後は、社内で確固たるキャリアを形成していくために、オーナー経営者と良好な関係を維持していく必要があります。大株主であるオーナー経営者は、数十年にわたりトップとして会社をリードしてきた存在であり、組織内における権限の強さは通常の大手サラリーマン企業の社長とは比較になりません。そのため、オーナー経営者との関係がこじれると、社内キャリアに致命的な影響が出る可能性があります。

入社時のポジションに注意

また、オーナー系企業への転職では、入社するポジションについて留意が必要です。大手日系企業と同様、抜擢採用に不慣れな会社では、有能な経営者人材を一般社員と同じポジションに位置づけることがあります。その状況では、経営者人材は十分に力を発揮できません。入社時には、一般社員とは異なる〝幹部〟または〝幹部候補〟となるようなポジションで入ることが大切です。

これらいくつかの留意事項を踏まえれば、オーナー系企業で経営者の右腕となるというキャリアは非常に魅力的な機会となります。若くして経営の一角を担い、次代の社長を支え、自らの立案した事業企画で社会にインパクトを与えていく……。経営者人材にとっては、まさに、人生を大きく飛躍させるキャリアのひとつと言えるでしょう。

あなたは何を売る?

——営業職のキャリア飛躍術

営業職にもキャリアを飛躍させる術がある

経営者や起業家といったキャリアを目指さずとも、キャリアを飛躍させる方法はさまざまな職種で存在しています。最も代表的な職種のひとつである営業職では、どのような方法があるのでしょうか?

先日、凄腕営業マンの中村さん（仮名）が、キャリアの相談にいらっしゃいました。中村さんは、研修の企画営業をしている20代の男性です。都内の私立大学に在籍していた時はスポーツに打ち込み、プロを目指していた時期もあったそうです。さすがにその道でやっていくだけの才能はないと断念しましたが、厳しいトレーニングの中で培った自己管理能力を見事に発揮して、在籍企業で3年連続のトップセールスに輝いていました。

私「中村さん、凄い営業成績ですね。これなら会社でも非常に高い評価を得ていると思いますが、なぜ転職を考えていらっしゃるのですか？」

中村さん「確かに、現職で高い評価は得られていますし、営業も大好きです。むしろ天職だと思います。しかし、いくらがんばってもそんなに年収が上がらないんです。正直なところ、これではやる気も出ません」

私「インセンティブは出ないんですか？」

中村さん「出ることは出るんですが、せいぜい数十万円程度です。やはり大きく稼ごうと思ったら、起業するとかしかないんですかねぇ……」

私「いえいえ。そんなことないですよ。営業の仕事が好きなんですよね？　営業でも大きな収入を得ることができるキャリアもありますよ」

中村さん「えっ？　でも、私の学歴や語学力では、外資系の証券会社の営業マンにはなれないですよね？」

私「確かに、外資証券は難しいかもしれませんが、手はありますよ。高いモノを売ればいいんです」

同じ売るなら、高いモノ

営業職に対して支払うことができる報酬は、粗利の額によって限度が決まってしまいます。

それ以上払ったら、企業にとっては赤字になるからです。逆に言えば、粗利がものすごく大きければ、営業職に対するインセンティブの額も大きくすることができます。

有名な事例としては、プルデンシャル生命保険などの保険営業職の報酬があります。年収が億単位になる営業パーソンもいますが、業績次第でこのような高い報酬を得ることが可能になるのは、保険という商品が実はものすごい高額商品で粗利も大きいという理由によります。だからこそ、「高級車の営業よりも、もっと儲かる」ということで、凄腕営業パーソンが集う世界になっているのです。

たとえ凄腕の営業パーソンでも、売る商品が割り箸だったら、億単位の年収を稼ぐことは困難でしょう。つまり、営業職で高い報酬を得るには、「同じ売るなら、高いモノ」ということになります。

では、高いモノとは何でしょうか？　高級車より、保険より高いモノ……。そのひとつが、会社です。会社の売買を行なう仕事、つまりＭ＆Ａ仲介業です。Ｍ＆Ａの仲介では、なんと売買される企業の資産の数％という成功報酬を得ることができます。一般的にはレーマン方式※で計算されることが多く、段階に応じて５％～１％となります。当然、成約すれば大きなインセンティブが担当営業に支払われます。しかもＭ＆Ａ仲介の業界は、若手であれば財務関連の知識やスキルよりも営業力を重視して採用を行なっている企業もあるのです。

そこで、中村さんも抜群の営業力を活かし、Ｍ＆Ａ仲介業の世界に飛び込むことになりました。前職に比べて、年収が桁違いに跳ね上がったことは容易に想像できるでしょう。

なお、ニッチな領域でも高いモノはたくさんあります。例えば、タンカー（船舶）の仲介営業という仕事もあります。実際に、フリーでタンカーの仲介をしている人にお会いしたことがありますが、1件成約するだけで数年は贅沢して暮らせるようです。

腕に覚えのある営業パーソンの方は、そのような観点からキャリアを考えてみても面白いと思います。もちろん、どの業界の営業職でも、成果を挙げられる人と、挙げられない人とでは収入や社内のポジションに大きな差がつきます。よい業界を選定するだけでなく、入社後に高い成果を挙げることこそが大切であることは言うまでもありません。

※ M&A仲介の成功報酬における一般的な計算方式。M&A取引金額の大きさに応じ、料率を5%、4%、3%、2%、1%とする。取引金額が大きくなるほど、料率が低くなる。

「商売の起点」になる
――リーマンショックも怖くない!?

会社に売上げをもたらす人は不況にも強い

「不況に強い職種は何でしょうか?」

リーマンショック後、雑誌の取材などでよく尋ねられた質問です。昨今も不安定な雇用環境が続くため、不況時のキャリアを気にされている方も多いことでしょう。

実は、「不況時でもさまざまな企業から必要とされ、好況時には好条件でオファーを受ける」という羨ましい人たちが存在しています。それが、本項のテーマである「商売の起点」となる人です。

商売の起点となる人とは、会社に大きな売上げをもたらし、社員の稼働率を上げることができる人です。具体的には、新規案件を獲得する営業力やネットワーク、ウェブで顧客を集めるネット集客スキル、売れる商品へとブランディングするマーケティングスキルなど、売上げの拡大に貢献する力を持つ人を指しています。

例えば、システム開発会社（ＳＩｅｒ）であれば、強力な営業力やネットワークを持つ人が大規模な案件を受注してくることで、社内で稼働していなかったシステムエンジニアが一気に稼働しはじめ、会社も社員も救われることになります。一方で、それなりに優秀なシステムエンジニアがたくさんいても、案件を受注できなければいつまでも稼働させることができず、会社としては宝の持ち腐れ状態になってしまいます。もちろん、最終的に納品する製品やサービスの質を担保するために優秀なエンジニアは必要です。しかし、まずは受注ができなければ、質以前の〝勝負の土俵〟に乗ることすらできずに終わってしまいます。まさに、案件を引っ張ってくることが〝起点〟となっているわけです。

グーグルやアマゾンのように素晴らしい事業モデルをつくり上げ、顧客が利用せざるを得ないようなレベルのサービスになっていれば話は別ですが、通常の企業では商売をつくることができる凄腕の営業マンが重宝されるのはごく自然のことでしょう。実際、リーマンショックで冷え切ったＩＴ業界の人材市場においても、凄腕の営業マンはさまざまなＩＴ企業で引く手あまたの状態でした。その人を一人採用するだけで、社内のだぶついたリソースを一気に稼働させることができるからです。

商売の起点になれば転職でも起業でも強い

「商売の起点」となる人は、凄腕営業マンだけではありません。現代ではインターネットを通じた顧客接点も極めて大きなインパクトがありますので、インターネットでの集客のプロも重要な存在になっています。また、通販や代理店営業など、その事業の営業形態によっても売上げをつくる職種は異なるため、商売の起点となる人の職種は変わってくるでしょう。

この商売の起点となる人に対して大きな報酬やリテンションのインセンティブを支払わない企業は、競合企業にそのキーマンを引き抜かれるリスクがあります。したがって、ビジネスセンスのある企業では、常にそのような人物に好条件を提示しています。逆に言うと、商売の起点となる人は、好況時も不況時も好条件で安定的に働くことができるようになるというわけです。

商売の起点となる人は人材市場の評価が高く、企業内で働く場合に有利となりますが、起業する場合にもたいへん有利です。前述のシステム開発会社の凄腕営業マンの例で言えば、どこかの会社に所属して社内のシステムエンジニアを使わなくても、エンジニアを自分で集めて事業を立ち上げることができます。また、自社にエンジニアを囲わなくても、営業代行を行なう企業を立ち上げることもできるでしょう。また、ウェブを活用して顧客を集めるプロというタイプの商売の起点となる人であれば、インターネットビジネスを起業するにもスムーズです。

このように、「商売の起点」となる人は、人材市場においても、起業する際にもたいへん有利です。特に、営業・マーケティング系のキャリアをつくっていらっしゃる方は、「商売の起点」を意識していただくことで、キャリアを大きく飛躍させるきっかけになるかもしれません。

コラム
Column

アーリーリタイアメントという生き方
——経済的自由人の可能性

冗談とも本気とも区別のつかない表情で、「できれば、アーリーリタイアメントしたいんです」と相談を受けることがあります。脂の乗った年齢でリタイアするというのは、世間ではあまりよい印象は持たれませんが、実は、多くの方が関心を持っているキャリアなのかもしれません。

「海外に行けば、40代でアーリーリタイアして暮らせる」「経済的自由を獲得する」といった類の本や雑誌を、書店で時々見かけますよね。これを見て、「いいなあ。どうやるんだろう?」と思う人もいれば、「なんだか、うさん臭いなあ」と思う人もいるでしょう。確かに、多くの書籍は、「うまくいけばいいけど、失敗するリスクも高そうだな」という印象を受けます。また、「楽をしながら、そこそこの収入を得る」方法を書いているだけで、完全なアーリーリタイアメントとはちょっと異なる書籍も多いようです。

では、アーリーリタイアメントは夢物語なのかというと、そうではありません。アーリーリタイアメントを実現している人は確かに存在しています。

皆さんは、アーリーリタイアメントをするのに、どのくらいの資産が必要だと思いますか？　45歳でリタイアしたとして、85歳まで40年。アーリーリタイアメントを実現できるような人であれば、贅沢な暮らしをしたいでしょうし、子供の教育費も必要でしょうから、年間1000万円以上は使うでしょうか。「資産運用をするから、そんなにたくさん要らないよ」という人もいるでしょうが、リーマンショックを経験した後でも果たしてそう言えるでしょうか。リタイアしてしまうのであれば、今後の収入の当ては無くなるわけですので、手堅く準備しておく必要があります。そう考えると、現実的には、不動産以外の金融資産だけで5億円以上持っていないとリタイアには踏み切りにくいですね。

さて、金融資産を5億円以上持つということは、どのくらいたいへんなのでしょうか？日本で金融資産が5億円以上ある人は、5万人以下とも言われます。（日本全体の0・04％！）。つまり、アーリーリタイアメントしようと思ったら、上位0・04％に入る水準で金融資産を持つ必要があるということになります。これは、途方もなくたいへんなことです。実は、純粋なアーリーリタイアメントを実現するのはとても難しいことで、当然、普通の働き方をしていては到達できません。

しかし、いくつかのキャリアでは、それも実現できる可能性があります。

まずひとつは、「起業」です。こちらについては別項で詳細をお伝えしていますので、ここでは割愛させていただきます。

それでは、他にどのような道があるか？

「外資系コンサル」はどうでしょうか。確かにパートナー（経営陣）になると高額な年収になりますが、５０００万～６０００万円くらいの年収になるにはかなりの年間受注額が必要ですし、それを安定的に受注できるような一流のベテランパートナーになる頃には40代になっていることが多いでしょう。そもそも年収５０００万円では、税金を引かれて生活費を引いたら、金融資産５億までそう簡単に到達しません。

となると、やっぱり「外資系金融」でしょうか。確かに、金融系のキャリアは短期間で大きな収入を得られる可能性があります。代表的なのは、外資系投資銀行、ＰＥファンド、ヘッジファンドといったキャリアです。ひとつずつ見ていきましょう。

まずは、外資系投資銀行。一時期、外資系証券の投資銀行部門では、30歳で４０００万～５０００万円という年収になる人も珍しくはありませんでした。リーマンショック後は、さすがにそこまで高い年収となることは減ったようですが、それでも一般的にはかなり高い水準です。また、トレーダーにも、実績に応じて高額な年収を得ている人がいます。ただし、現在はトレーディングに関する規制が導入され、以前のような巨額のリターンを得ることが難しくなったため、トレーダーの収入も抑えられてきているようです。

続いては、PEファンド。これは、プライベート・エクイティー・ファンドの略称で、企業を買収し、経営陣を派遣するなどしてバリューアップすることでリターンを得る事業です。この業界も、アーリーリタイアメントする人を見かけます。ベースの年収や通常のボーナスを合わせた年収ももちろん高いのですが、そうは言っても戦略系コンサルティングファーム＋α程度です。PEファンドでアーリーリタイアメントを可能にするのは、高額なキャリーボーナスです。キャリーボーナスとは、ファンドが投資先企業を売却した際、あるいは運用が終わった時点で得られる収益から担当者へ分配される成功報酬です。買収している企業の時価総額は巨額ですから、バリューアップした際の収益やファンドが受け取る成功報酬も巨額です。当然、担当者が受け取る金額も桁外れに大きく、パートナーであれば、数億円~10億円単位ということもあります。これならアーリーリタイアメントする人がいてもおかしくはありません。なお、PEファンドでは、外資系投資銀行や外資系戦略コンサル、財務系コンサル（FAS）の出身者を中心とした採用を行なっています。リーマンショック後のダメージを超え、2013年頃から積極的な採用を再開するファンドが多くなりました。

最後に、ヘッジファンド。機関投資家や富裕層などから集めた資金を、金融派生商品などの活用なども含めたさまざまな手法で運用するファンドです。相場の乱高下の原因となっているとして話題になることもありますので、ご存じの方も多いでしょう。こちらも桁違いの収入を得ている人たちがいる業界です。特に海外のヘッジファンドマネージャーは、なんと1000億円を超える年収を得ている人もいます。繰り返しますが、年収です（笑）。毎年、ヘッジファンドマネージャーの収入ランキングが出ていますので、興味のある方はインターネットで検索してみてください。

ここまで、「アーリーリタイアメントするにはどうすればよいか？」についてお伝えしてきました。別次元の世界と思われた方もいるかもしれませんが、キャリアによっては決して可能性がないわけではありません。ただし、ここで皆さんにぜひお伝えしたいのは、「アーリーリタイアメントしたからといって、必ずしも幸せになるとは限らない」ということです。

3か月もリゾートの海岸で本を読んでいたら、さすがに退屈してきます。1年もしたら、「俺の人生、このまま終わって本当にいいのかな？」と思うでしょう。実際、アーリーリタイアメントできる状況をつくった人でも、何らかの社会をよりよくするための活動に尽力しているケースが多いようです。生活のための短期的な収入を追い求める必要もなく、自分の資金で自分の想いにしたがって社会的意義のある活動に打ち込むことで、生きる充実感を得ているのです。お金だけを手にしても、それだけで幸せに直結するわけではないということを物語っていると言えるでしょう。

ハインリッヒ・シュリーマンという考古学者をご存じでしょうか。遺跡発掘のための巨額な費用を得るために、事業を成功させ、その後、トロイ遺跡を発掘したとされる人物です。まさに遺跡の発掘のような直接的にビジネスと結びつけにくいビジョンを持っている場合には、短期間に資金を稼いでアーリーリタイアメントして、その夢に専念するという〝シュリーマン流〟の生き方もとてもよいと思います。

ビジョンや志を持ち、社会やコミュニティーに役立ち、人に喜んでもらう。チームとして喜びを分かち合う。それらの活動を通じて自身の内面を成長させる。そのようなことがなく、お金だけ持っていても人は幸せにはなれない。これはもう、いまの日本であれば、多くの方がご存じだと思いますが、念のため……。

第6章

戦略的なキャリア設計法をマスターする

目指すキャリアを実現することは、登山になぞらえて説明することができます。登山では、無数にある山の中から自分が登りたい山を選び、いまの自分のスキル・体力・装備などを考えて頂上に至るためのルートを設計し、決めたルートで登山を開始します。同様に、キャリアにおいても、目指すゴールとしてのキャリアビジョンを設定し、そこに至るためのルートを設計したうえで、実際にそのキャリアを歩んでいくということになります。本章では、ここまでの章で取り上げてきた各論を束ねる形で、キャリア設計の技術を体系的にまとめてご紹介していきます。

キャリア設計の3つのステップ
（1）目指すゴールとしてのキャリアビジョンを設定する（登る山を決める）
（2）現状からキャリアビジョンに至るルートを考える（登山ルートを考える）
（3）ルートを歩むために転職活動を成功させる（準備をして出発する）

キャリアの山頂に至るための3つのステップ

（1）キャリアビジョンを設定する
――まずは登る山を決める

キャリアビジョンは自分の「好き」で描く

キャリアビジョンを描くフェーズは、登山で言えば、無数にある山の中から自分が登りたい山を選ぶという段階になります。一生懸命に登った山が、「実は、自分が登りたい山ではなかった」と途中で気づいても後の祭りです。キャリアビジョンは、キャリア設計の根幹となりますので、ぜひしっかり設定してください。

キャリアビジョンは、人生の大半の時間をかけることになる仕事を規定する大切なものです。では、どのようにしてキャリアビジョンを決めればよいのでしょうか。私は、自分の「好き」でキャリアビジョンを決めることをお勧めしています。そもそも好きなことをやったほうが人生は楽しいというだけでなく、高い成果も挙げやすいでしょう。そして、その道で一流になることができれば、社会へもたらすインパクトや収入をはじめとするリターンもたいへん高くなります。そのため、「今後はこの業界、この職種が儲かる」とか「この仕事は、華々しい印象がある」といったような損得の観点や世間一般のイメージは、横に置いて考えたほうがいいと思います。トレンドやブランドにまどわされず、既成概念を排して、ご自身の価値観でキャリアビジョンを決めることが大切です。

本書では、自分の「好き」でキャリアビジョンを描く2つの代表的な視点を紹介しました。ひとつは、好きな「領域」を考える方法です。そしてもうひとつが、好きな「立ち位置」を考える方法で、代表的な立ち位置として、「企業経営者」、「ベンチャー企業経営者」、「プロフェッショナル」、「社内エキスパート」という4つの切り口を紹介しました。少し珍しい視点ですが、ご自身がどのような立ち位置で活躍するのが好きなのかを考えてみることは、非常に有益であると思います。

なお、設定するキャリアビジョンは、ざっくりとしたものでも構いません。その詳細は、ゴールに近づくことで見えてくるものです。キャリアビジョン周辺の領域に関する見識が増えることで、より適切な選択肢が見えてきます。また、時間の経過とともに新しい技術やサービスが次々と登場し、状況も刻々と変化していきます。まさに登山をする中で、頂上に近づくにつれて見える景色が変わってきたり、時間が経つことで天候が変わってきたりすることと同様です。頂上付近で何をして楽しむか、どの方角で写真を撮るのがベストかは、山のふもとで詳細に考えることではありません。頂上付近になってから考えれば十分ですし、そのほうが適切に選択することができます。

なかなか自分の「好き」がわからない方へお勧めの方法

それでも「自分が何を好きなのか、あまりよくわからない……」という方も少なくないと思います。

時間はかかるのですが、そのような方には、記録（日記）をつけることをお勧めしています。自分がどのようなことを楽しいと感じ、何を嫌だと感じたのか、何に憤りを感じ、どんな人を助けたいと思ったのか日々記録をつけていくことは、自分の「好き／嫌い」を知るうえでたいへん有効です。

就活中の学生と話をしていると、海外旅行や海外留学の際の体験をもとに「こういうことを将来やりたいと思うようになった」という話をよく聞きます。これは、特別な体験をしたので、受けたインパクトが記憶に深く刻まれているからでしょう。もちろんこれはこれで悪くはないのですが、強く記憶に残っていることと、本当に好きなこととは別の話ですので、その点は注意が必要です。実際、このように海外体験をベースにした夢を語る学生とさらに深く話していくと、多くの場合、「実は、中学生時代からこういうことが気になっていた」とか、「小さい頃からこういうことに関心があった」という別の話が出てきます。実際は、そちらのほうがその学生にとって重要なテーマであるようです。

日常的に経験していることは一日一日のインパクトが弱いため、記憶に残りにくいものです。しかし、そういう中にこそ、真剣に願っている大切な想いがあったりします。自分が何に憤りを感じ、何を大切にしたいと思い、どんな人を助けたいと思っているのか、そのようなことを忘れないように日記につけていくといいと思います。すると、1、2年後には、膨大な量の自分の想いが蓄積されます。それを眺めていくと、自分は何が好きで、何が嫌いなのかが見えてくるはずです。

「肉親の死に直面して、医師を目指すようになった」という話や「親戚の経営する会社が倒産したのを見て、そのような企業を助けたいとコンサルタントを目指した」というような、人生を変えるような大きなインパクトがある体験を誰もが持っているわけではありません。そういう啓示のような大きな体験を持たない人でも、このようにしっかり自分を知ることから始めていくことで、進むべき道が見えてくると思います。

今回ご紹介させていただいた方法は、私自身の経験をベースにしたものです。中・高時代、学校の授業がつまらず、勉強をする気も起こらず、毎日ゲームセンターに行って無為に時を過ごしていました。急降下する成績を見ながら「今日も時間を無駄にしてしまった」と後悔する毎日を過ごしていました。そこで、勉強をしないまでも、なるべく日々を楽しく過ごそうと考え、楽しかったこととつまらなかったことを毎日記録につけはじめました。翌日から、なるべく楽しかったことを増やし、つまらないと思ったことを減らすためでした。そのような作業をする中で、「時間を無駄にした」と思うようなことは少しずつ減っていきました。

しかし、本当に面白かったのは、副次的な効果のほうでした。この作業を続けていくと、自分の好き・嫌いに関する情報が膨大に溜まります。1年後に振り返ってみると、自分が何を楽しいと思い、何をつまらないと感じる人間なのかがクリアに見えました。この時の分析がベースとなり、私は「人生相談業をやりたい」というキャリアビジョンを持つことができました。靄がかかったような日々から抜け出すためにやった苦肉の策が、予想外の形で活きました。他にも、自分の好き・嫌いを知る方法はあるかと思いますが、シンプルな方法ですので、よろしければお試しいただければと思います。

(2)キャリアビジョンに至るルートを考える
——山頂に到達可能なルートを考え抜く

キャリアの階段をつくってゴールを目指す

登るべき山が決まったら、現在の位置からどのように山の頂上に到達するのかというルートを設計します。一足飛びに到達できないキャリアビジョンに対しては、「キャリアの階段」をつくることで、安全、着実にゴールを目指すのが最大のポイントです。

例えば、「起業」のようなキャリアビジョンに対して、企業経営の見識を持たない人が、いきなりチャンレジするのはたいへんリスクが高いでしょう。しかし、コンサルティング業界やベンチャーキャピタル業界などで企業経営の経験を積み、さらに起業しようと考えている業界で業務経験も積んだ後であれば、そのチャレンジは実現可能性の高い計画へと変わります。

必要であれば、ワンステップだけなく、ツーステップ、スリーステップと「キャリアの階段」をつくり、安全、着実にゴールに近づけるように一歩ずつ登っていけばいいのです。

キャリアの階段の上手な設計の仕方

ただし、この頂上までのルートは慎重に考えて設計する必要があります。仮に、山のふもとからただ一直線に頂上を目指そうとすれば、その道程で大きな難所にぶつかる可能性が高いことは容易に想像できるでしょう。そこで、次の3つのポイントを踏まえてキャリアの階段を設計することが大切になってきます。

〈①キャリア全体を俯瞰して選択肢を考える〉

第1のポイントは、ゴールに至るキャリア全体を俯瞰して選択肢を考えることです。登山で言えば、山全体を俯瞰して頂上に至るルートを考えることになります。

ある職業に就こうとすると、出身大学や過去の職歴では応募できないといった〝制約条件〟にぶつかることがあります。そのような場合は、就きたい職業に固執するのではなく、キャリアの目的に立ち戻ることが大切です。そうすることで、目的を達成するためのさまざまな選択肢が見えてきます。例えば、起業のための経験を積みたいということであれば、戦略系コンサルに行かなくても、ベンチャーキャピタルやインターネット系企業などでもそのチャンスはあります。「氷壁」があるようなわざわざ登りにくいルートからゴールを目指す必要はありません。山全体を俯瞰して、適切な迂回ルートを見つければいいのです。

また、ゴールに至るルートを幅広く検討していくと、極めて便利な存在である「ハブ・キャリア」の存在に気づくでしょう。ハブ・キャリアとは、さまざまな業界・業種から転入することが可能で、かつ、さまざまな業界・業種へ転出することが可能なキャリアの中継地点です。例えば、「ＩＴ業界の人事職」から「製薬業界の経営企画」への転身は通常では困難です。しかし、ハブ・キャリアを活用すれば、この一見不可能に見えるキャリアチャンジも開かれます。多くのビジネスエリートたちも、ビジョンを実現するために、ハブ・キャリアを上手に活用しています。

〈②早くゴールに至るように設計する〉

第2のポイントは、早くゴールに至るようにキャリアを設計することです。日のあるうちに山の頂上にたどり着けるように、道草を食うことのない最短ルートを設計します。そもそも目指すキャリアのゴールに至るのは、決して容易なことではありません。それにもかかわらず、あれもこれもと手を出して、途中で道草を食っている人が決して少なくないのが実態です。

例えば、将来は経営者になりたいと言っていながら、現場の業務も〝一応〟知っておくべきだということで、経理、人事、マーケティングなどの現場経験を満遍なく積む〝丸いキャリア〟をつくろうとされている方も少なくありません。しかし、それでは肝心の経営者としての経験を積む頃には、人生は終盤にさしかかってしまいます。できる限り重要度の高い経験を積むことに集中したほうがいいでしょう。

また、人事都合で異動させられる会社まかせのキャリアでは、自分の目指す方向とは違う方向に行くよう指示されることも珍しくありません。望むキャリアを実現したいのならば、自分が経験する仕事を〝会社まかせ〟や〝運まかせ〟にせずに、主体的にキャリアをつくっていくという視点が必要不可欠です。そのためには、転職を活用するだけではなく、在職している企業内においても社内営業で必要なキャリアを勝ち取っていくことも大切になります。

さらに、社内で評価が高い部署だからといって自分の目指すゴールと関係がない経験を何年間も積んだり、世間でブランドがあるという理由で会社を選んだりするという道草にも要注意です。そんなことをしている間に、あなたのライバルはどんどん先に行ってしまっています。最短ルートで山頂を目指したとしても、予想外の天候の変化や障害物などによって、山頂にたどり着くのは遅れがちです。人生でもプライベートの状況や体調の変化など予想外のハプニングは付きものです。だからこそ、調子がいいときも道草を食わず、早くゴールに至るように無駄を排したキャリア設計をする必要があるのです。

〈③自分の好きな領域で選択肢を考える〉

第3のポイントは、自分の好きな領域で選択肢を考えることです。ゴールに到達することだけでなく、ゴールに至るプロセスもまた人生です。暗く険しい山道を憂鬱な気分で登るよりも、何と言ってもワクワクするようなルートで登っていかなければ楽しくありません。また、自分の好きなことをすることで早く成長できるものです。結果として比較優位性の高い、〝明確な売り〟を身につけることになり、人材市場で高い評価を得ることにつながり、目指す山頂に至るルートが切り拓かれやすくなります。自分の好きな領域で選択肢を考えることで、魅力的なキャリアをデザインすることが大切です。

（3）ルートを歩むために転職活動を成功させる
――万全の準備で登山を開始する

転活リテラシーを高める

キャリアの登山ルートを設計した後は、実際にそのルートに基づいて山を登っていくことになります。ただ、設計したルートを歩んでいく中で、川を越えなければならなかったり、崖をよじ登らなければならなかったりと、登山の技術や装備が求められる勝負どころがあります。その時、難所を乗り越える技術や装備があれば、そのままスムーズに頂上を目指すことができます。同様に、キャリアにおいても、自ら設計したキャリアパスを歩んでいくうえで大きなターニングポイントである「転職」を乗り越える技術・装備として、「選考対策」や「応募ルートの選択」といった「転活リテラシー」が存在しています。それを知らないと、せっかく設計したプランが画に描いた餅となってしまいます。

実力に自信がある優秀な方の中には「採用企業はちゃんと実力を見て、評価してくれるはず」と考えている方が時々いらっしゃいます。しかし実際の転職活動においては、身につけておかなければいけないベーシックなスキルがいくつも存在しています。これを知らないと、いくら実力があっても、素晴らしいご経歴があっても、あっさり選考に落ちることも起こり得ます。実力だけではキャリアは開かれません。一方で、いいポジションに合格して入ることができれば、価値ある経験を積めるだけでなく飛躍的に年収も上がり、それによって次もいい転職機会に恵まれる……というように、転職の合否によってその後の人生は大きく変わります。だからこそ、実力をつけることだけに集中するのではなく、転職活動そのものを上手に乗り越えるスキルを身につけておくことが大切なのです。

選考対策を行なう

選考における最初の関門は、書類応募となります。実力そのものが同じであったとしても、書類の書き方ひとつで合否が分かれてしまうのが実態です。しかし、たいへん重要な割に、一般的にはあまり知られておらず、誤解の多いスキルでもあります。代表的なものとしては、次のような誤りが見受けられます。転職に関する一般的な書籍では、「職務経歴書に自分の挙げてきた業績を具体的な数字で書け」と謳われています。しかし、この常識は、キャリアチェンジをする場合には当てはまりません。メーカーの営業職からコンサルティングファームへ応募する場合、「A商品をX億円売り上げた」と書いても、「うちに入社したら、A商品の営業をするわけではないんだよね。この実績に何の価値があるの?」となってしまいます。問題解決能力を重視するコンサルティングファームとしては、業務の中でどのように問題解決してきたのかということを知りたいと考えています。例えば、「A商品をX億円売り上げた」と単に実績を記述するのではなく、「顧客分析を通じてセグメント別の施策を打ち立て、営業部門の販売戦略を再構築した結果、X億円の売上げを実現」と表現します。このように応募先企業にとって意味のある書き方をよく考えたうえで応募書類を作成することが大切なのです。

続いての関門は、筆記試験です。転職における選考では、適性を確認するために筆記試験が課されることがあります。最初の筆記試験を突破できなければ、面接を受けることすらできません。人気企業では筆記試験だけで10倍を超える倍率も珍しくありません。しかも、東大・京大といった試験に強い名門大の出身者が殺到しているという状況です。そのような筆記試験に丸腰で向かうのは無謀と言えます。司法試験や公認会計士試験を受験するのに、対策を何もしないという方はまずいないでしょう。おそらく出題傾向などを綿密に把握して、過去の問題をみっちり勉強してから受験するはずです。同様に、転職においても、応募先企業で行なわれる筆記試験に向けてしかるべき対策をしておく必要があります。試験本番の制限時間がある中で、問題を解こうとすると、予想以上に解けずに焦る方も多いようです。ただ、やみくもに勉強しても的外れな対策になってしまいます。最近では、就活生用のさまざまな試験対策本が出版されています。また、Ｗｅｂ試験を練習できるサイトもあります。このようなツールを活用しながら、準備をし、本番で実力を十二分に発揮できるようにしておくことが大切です。

■ **参考図書**

『【ＳＰＩ３完全対応】これが本当のテストセンターだ！【２０１５年度版】』（ＳＰＩノートの会著・洋泉社）
『【Ｗｅｂ-ＣＡＢ・ＧＡＢ Ｃｏｍｐａｃｔ・ＩＭＡＧＥＳ対応】ＣＡＢ・ＧＡＢ完全突破法！【２０１５年度版】』（ＳＰＩノートの会著・洋泉社）
『新テスト対応版ＭＢＡ留学ＧＭＡＴ完全攻略』（アゴス・ジャパン著・アルク）

最後の関門は、面接です。志望理由の説明ひとつをとっても、予行演習なしに臨むのはリスクが高いと言えます。応募先企業にとって納得感のあるロジックでストーリーを組み立てることはもちろん、他者からフィードバックをもらってブラッシュアップしておくことも非常に重要です。また、最近は、人気企業を中心にケースインタビューを課す会社が増えてきています。このような会社に応募する場合、対策なしに突破するのはたいへん難しいでしょう。

例えば、突然「新幹線の中のコーヒーの売上げを伸ばすには？」といった売上げ拡大施策の提案や「ソニーのＣＥＯだったらどうする？」といった経営課題に関する提案を求められたら、その場で的確に答えられるでしょうか。ケースインタビューでは、現役のコンサルタントにとっても決して容易に回答できないような設問が投げかけられます。そのような問いに答えるためにも、ケースインタビューのコツをつかんでおく必要があります。人気企業の面接を通過して内定を得た人は、事前に入念な対策を行なって押さえるべきポイントを身につけています。

■ **参考図書**
『現役東大生が書いた 地頭を鍛えるフェルミ推定ノート』（東大ケーススタディ研究会著・東洋経済新報社）
『東大生が書いた問題を解く力を鍛えるケース問題ノート』（東大ケーススタディ研究会著・東洋経済新報社）

以上のとおり、「書類対策・筆記対策・面接対策」は人気企業にチャレンジする方にとって、合否を分けるたいへん重要な準備となっています。ただし、大型資格取得のような膨大な時間と労力がかかるわけではありません。その意味で、これらの準備はとても費用対効果の高い勉強とも言えるでしょう。

転職市場に出る方法を知る

転職活動では、いろいろな転職サイトや求人広告でいい求人情報を集めることが大切だと多くの方が考えているのではないでしょうか。しかし、求人情報を集めること以上に重要なことが実はたくさんあります。

例えば、「応募ルート」。考えてみれば当たり前のことですが、求人情報を収集することと、「応募ルート」をどこにするかという話はまったくの別物です。A社の魅力的な求人情報をある転職サイトで見つけても、その転職サイト経由で応募しなければいけないという理由はありません。A社に受かりやすいルート経由で申し込むほうが賢い選択でしょう。別章でもご紹介しましたが、どの応募ルートで進めるかによって合格率も大きく変わってしまうのです。

また、「ヘッドハンターと人材紹介会社の違いは何か?」「リクナビやenという転職サイトと人材紹介会社の関係はどうなっているのか?」といった疑問ひとつをとっても、実は、転職活動についてよくわからないことがあるのではないでしょうか。それにもかかわらず、自身の将来の可能性を握る応募を、そのサイトや人材紹介会社に託してしまうのは怖いことだと思いませんか?

キャリアの登山ルートに沿って進む第一歩となる転職活動をはじめることとは、人材市場に足を踏み入れることを意味しています。いよいよ情報収集、応募先検討、書類作成、応募、選考(書類・筆記・面接)、内定・交渉、入社という具体的な転職活動を行なうことになります。このプロセスを誰とどのように進めるかという「人材市場との接点の持ち方」は、重要な転活リテラシーであるにもかかわらず、体系的に説明されている書籍はほとんど見られません。そこで、限られた紙面の中ですが、人材市場との接点を持つための代表的な方法を紹介しつつ、それぞれの長所と短所について概要を解説していきたいと思います。

ウェブを活用して人材市場に出る

第1に、ウェブを通じて人材市場と接点を持つ方法です。自分が関心を持った企業のウェブサイトからの情報収集や、リクナビやｅｎなど転職サイトからの情報収集が基本となります。言うまでもなく、いますぐにでも自分で手軽に情報収集できるということが、ウェブの大きな魅力です。

例えば、ｅｎ転職サイトに登録をすると多数の採用企業などからＤＭ（ｅメール）が届くようになり、ほとんどのサイトでは、最新の求人情報を無料で収集することができます。ただし、ウェブを通じて得られる採用企業が掲載する採用広告については、オープンにしても問題がないような一般的な求人情報にとどまるという限界があります。ハイクラス案件や特殊案件などは、後述するヘッドハンティング会社や人材紹介会社に限定公開されている場合があります。また、オファーを勝ち取るための選考対策情報も、ウェブでは入手がなかなか難しいでしょう。一度応募して選考に落ちると不合格記録が残って再応募が難しくなるケースもあるため、キャリアの道が閉ざされないように、どのルートで応募するかについては細心の注意が必要です。

また、少々わかりにくいのですが、このような転職サイトに登録すると、ヘッドハンターや人材紹介会社からもスカウトのメールが届くようになる場合があります。皆さんが登録したデータは、採用企業だけでなく、そのサイトを活用しているヘッドハンターや人材紹介会社でも見ることができるため、「こういう案件があるのですが、転職しませんか？」というメールを送られてくるわけです。「人材紹介会社の場合、求職者が人材紹介会社自体に登録して、転職活動を支援してもらうのではないのですか？」と思う方もいらっしゃると思います。人材紹介・ヘッドハンティング業界は非常に会社数が多く、競合が激しいところです。そのため、転職希望の登録者を自力で十分に集めることができない会社も増加し、最近では転職サイト経由で登録者を集めている会社が多くなっているのです。転職サイト経由で人材紹介会社やヘッドハンティング会社の担当者と接点を持ち、一緒に転職活動を進めていく場合には、後述するヘッドハンター経由、人材紹介会社経由の活動と同じ流れに入ることになります。

これらを留意したうえでのはじめの一歩として、ウェブによる情報収集はたいへん便利な方法です。特にどのような会社がどのような人材を募集しているのか、といった求人動向や基礎知識をつかむうえでも有効と言えるでしょう。

■ 参考サイト
エン・ジャパン　http://employment.en-japan.com/
リクナビNEXT　http://next.rikunabi.com/

ヘッドハンターを活用して人材市場に出る

第2に、ヘッドハンターを通じて人材市場と接点を持つ方法です。ヘッドハンターとは、企業からフィーを受け取って人材をスカウトするヘッドハンティング会社のスタッフです。ある企業が特定ポジションにふさわしい人材を獲得するためにヘッドハンティング会社に人材サーチを依頼すると、ヘッドハンターは候補者をピックアップして企業に紹介することになります。そのために、ふさわしい候補者に、企業から依頼のあった求人ポジションに関心を持たせ、応募してもらう必要があります。そこでヘッドハンターはデータベースや口コミから候補者を洗い出し、さまざまな方法で候補者に連絡をとって面談を申し込みます。電話やeメール、LinkedInやFacebookなどSNS経由でヘッドハンターからスカウトがくるのはこのためです。また、前述の転職サイトを活用している場合は、そちらからもスカウトがくる可能性があります。

ヘッドハンティング会社も多種多様ですが、外資系のヘッドハンティング会社では外資系企業の本社から依頼された求人案件を持つことが特徴的と言えます。そのため、外資系企業の東京代表クラスなどの興味深い案件が舞い込むこともあり、積極的にヘッドハンターと会ってみることは情報収集に役立ちます。もちろん、ヘッドハンター経由で転職活動を行なってもほとんどの場合、無料です。ただし、ヘッドハンターは企業からの固定フィーを受け取っていることが多く、求人依頼枠に必ず誰かを入社させなければならない事情があるということも知っておく必要があります。ヘッドハンターから声がかかると「自分もついに声がかかるようになったか」とステータスに感じる方もいますが、実際は、採用企業の人材ニーズと自身の経歴がフィットしているというだけの話です。それが必ずしも自分の目指すキャリアビジョンと合致しているとは限らないため、冷静に判断する必要があります。

人材紹介会社を活用して人材市場に出る

第3に、人材紹介会社を通じて人材市場と接点を持つ方法です。人材紹介は、企業からの求人案件の中から、転職を希望される相談者に適した応募先を、相談者と一緒に考えて選び、応募・選考・内定・条件交渉等の転職活動全般を支援するサービスです。人材紹介会社で相談者を支援するスタッフは、キャリアコンサルタント、あるいはキャリアアドバイザーと呼ばれ、相談者のエージェントとして企業側との調整を進めます。人材紹介サービスもクライアント企業から成功報酬で紹介料を得る仕組みのため、ほとんどの人材紹介会社では、相談者が無料でサービスを受けることができます。

人材紹介会社では、キャリア設計について気軽に相談ができたり、特殊なポジションの求人情報を入手できたりすることが大きな魅力です。特に、経営幹部などのハイクラス案件は、企業から情報が一般公開されることは少なく、人材紹介会社やヘッドハンティング会社を通じて募集がかけられます。そのため、キャリアコンサルタントから常に求人情報を入手しておくことは有益です。

一方、日本には多数の人材紹介会社がサービスを展開しており、それぞれの得意領域や取扱案件も異なります。相談者のキャリアとフィットしない人材紹介会社で相談を受けると、適切なアドバイスを得られないことがあるため注意が必要です。同じ企業への応募について相談しても、ある人材紹介会社からは「あなたの経歴だと転職は難しい」と言われ、他の紹介会社では「十分に転職は可能です」と言われることもよくあります。また、前述の書類、筆記、面接等の準備に関するノウハウの有無も異なります。そのため、どの人材紹介会社経由で応募するかによって合否が分かれることも珍しくありません。各人材紹介会社の特徴を調べるには、人材業界の専門誌『日本人材ニュース』のサイトが役立ちます。こちらのサイトでは、主要なヘッドハンティング会社も紹介されています。

■ 参考サイト
日本人材ニュース　http://www.jinzainews.net/

好機を逃さないように定期的に人材市場と接点を持つ

以上のとおり、人材市場と接点を持つための代表的な3つの方法を紹介しました。自身の置かれた状況によってどの方法が適しているかは異なりますが、人材市場とつながるための選択肢を知っておくだけでも有益です。そして、人材市場の動向は常に変化していますので、こまめに情報収集を行なう必要があります。景気がいい時は、会社の仕事も順調で目の前の仕事に集中してしまいがちですが、キャリア設計の観点から見ると、景気がいい時こそ人材市場に出る絶好の機会です。企業の採用意欲の高い時ほど人気企業から内定が出やすく、提示条件も高くなります。新卒採用では時期を選べませんが、転職では時期を自分で選ぶことができます。好条件でネクストキャリアを得られる機会を逃さないように、人材市場との接点を持ちながら、長期的に目指すキャリアの実現に向けて歩まれることを推奨したいと思います。

おわりに

「努力を増やす」のではなく、「努力を集中させる」

誰もが、望む人生を手に入れたいと思っています。しかし、「資産」や「才能」に代表されるような、持って生まれた優位性がない中で、望む人生を切り拓くにはどうすればいいのか——恐らく、最も頼りとされるのは、「努力」でしょう。

書店の店頭でも、「目標を達成する方法」「朝型の生活をする習慣」「成功者の習慣」「アスリートが実践する自己管理法」といったテーマの本がズラリと並んでいます。また、著名人が書いた「努力して夢を叶えよう」という熱いメッセージの本もたくさんあります。これらの本を読むと、きっちりと自己管理をして、〝もっと努力する〟方法が手厚く解説されています。さらには、国際会計基準やユニークな問題解決手法、コーチング手法など、新しい知識やスキルを教えてくれる本が次々に登場し、その習得のために一層の努力が求められます。

私も、努力はとても重要だと思っています。しかしながら、いまの日本の多くのビジネスパーソンは、本当にそれほど努力不足なのでしょうか？

少なくとも、私がお会いしてきた相談者の皆さんを見ている限り、ほとんどの方が、人生を切り拓くために並々ならぬ努力を重ねていました。一生懸命に仕事に打ち込み、寝る暇を惜しんで勉強し、休日も本を読む……。転職を成功させて人生を飛躍させるべく、日々、努力しているのです。転職を考えていない人でも、社内でよりよい仕事をするために、あるいは子会社へ転籍させられたり、リストラされたりしないように、業績を挙げるために必死に努力していることでしょう。

さらに言えば、私は、日本のビジネスパーソンの努力の量は限度を超えつつあるのではないかと感じています。近年では、過労をきっかけに、精神的な病気となった方からのキャリアのご相談が急増しています。寝る暇を惜しんで働き、勉強をして、心身ともに病んでしまっているのです。しかも、彼らの多くは、小中学校時代からまじめに勉強をして名門大学を卒業した方々で、子どもの頃からいまに至るまでがんばり続けてきています。

日本の多くのビジネスパーソンは、すでにとても努力していると言っていいと思います。重要なのは、その努力が報われるようにすることです。望む人生を手に入れて、幸せになることです。

では、どうすれば努力が報われる人生にすることができるのか？

それは、やみくもに「努力の量を増やす」ことではありません。自分の人生に何が大切なのかを把握して、いま自分がなすべきことを選択し、それに「努力を集中させる」ことだと思います。

「人生の戦略」があれば、努力は有効に活かされる

本書で紹介したキャリア戦略は、まさに、自分の努力を集中させて人生を飛躍させるためのノウハウです。上手にキャリア戦略をつくることで、自身の目指すゴールに向かって、必要最小限の努力で歩んでいくことができます。しかも、この戦略に基づいたキャリアは、極めてフェアで、便利で、確実性が高いものです。「資産」を持っていない、言わば普通の家庭に生まれた人でも十分に利用可能です。特殊な「才能」がなくても問題はありません。また、司法試験を突破するような、常人には真似できないレベルでの「努力」をする必要もありません。さらに、会社からの人事異動で人生が決まるような「運まかせ」でもありません。

現状から目指すゴールに至るルートを決める。そのルートを踏破するための努力には時間を割くが、それ以外の重要度の低いことには時間を投入しない。自身のゴールに直結しないような勉強や資格試験、余計な職務経験は捨てる。そして、自分が選んだキャリアに対しては、一流を目指して人一倍努力をする……。まさに、キャリア戦略とは、自身が望む人生を手に入れるために、何が大切なのかを把握し、それに「努力を集中させる」ことなのです。

だからこそ、私は、従来の書籍ではほとんど語られることがなかった「人生の戦略」——幸せになるために、何に努力を集中させるべきかに関するノウハウをお届けしたかったのです。

みんなの「努力」が報われる社会に

少し話が変わりますが、皆さんもこのような疑問を感じたことはないでしょうか。

「学校で勉強してきた三角関数は、社会に出て使ったことはあっただろうか？」

「歴史の年号を一生懸命に覚えた努力は、何のためだったのか？」

「そもそも、古文や漢文は仕事で使ったことがないが、何のための勉強だったんだ？」

もちろん、これらの知識が役立つ職業の人もいるでしょう。しかし、ほとんどの人にとっては、あまり役に立たない知識・スキルです。それにもかかわらず、国民全体が10代の頃、その習得に膨大な時間とエネルギーを使っています。

確かに、「知識・スキルはあって損はしない」という考え方もあるでしょう。実際、知識・スキルはたくさんあったほうがいいのかもしれません。しかし、人生は有限です。必要になるかもしれない、という〝保険〟をかけはじめたら、キリがありません。そのうちに、「円周率を1万桁まで記憶しておいたほうがいい」という話まで出てきそうです。笑い話のように聞こえるかもしれませんが、役に立っていないという意味では、三角関数、歴史の年号、古文、漢文もなかなかいい勝負かもしれません。もちろん「教養」は必要です。しかし、「教養」という名のもとに、あまりに重要度の低い内容があふれています。一方で、社会で本当に必要とされるような「問題解決能力」や「リーダーシップ能力」や「リーダーシップ開発」

などが抜け落ちているのが実態だと思います。

当たり前のことですが、必要となる知識やスキルは、どんな仕事に就くか、さらにはどんな人生にするかという「目的」によって変わります。それにもかかわらず、あまりリターンが見込めないことに膨大な量の努力を注ぎ込んでいるというのが、いまの日本の教育の状況なのではないでしょうか。これは、ゆとり教育が駄目だというような話とは異なります。どれほどハードに子どもたちに勉強をさせようとも、その子どもの人生にとって重要度が低いことを詰め込んでいてはあまり意味がないということです。また、この状況は、教育の現場で活躍されている教職員に責任が転嫁される話ではありません。根本的な教育制度の見直しが必要とされていることだと思います。

人生の早い段階で、「人生設計」を行ない、自分にとって大切なことに努力を集中できれば、無理なく目指すゴールに近づけるでしょう。自分のキャリアに必要なスキルとスタンスをしっかり身につけた子どもたちが社会に出れば、無理なく成果を挙げて活躍できます。そして、社会に役立つことの喜びを満喫することで、ますます社会に役立とうとする意欲がわき、がんばります。もちろん、発達した人材市場を活用して、途中でキャリアチェンジも可能です。そのような社会になったら、多くの人生が〝無理なく〟豊かになることでしょう。

私は、人生設計やキャリア教育が教育制度の核となることで、人々が大切なことに努力を集中でき、豊かな人生を送れる社会が来ることを願っています。そして、人材業界のキャリアコンサルタントは、そのような社会を下支えする重責を担っている仕事だと考え、一層精進をしていきたいと思っています。

本書は、多くの方々のお力添えにより、刊行に至りました。

相談者の皆さまへのキャリアコンサルティング業務、クライアント企業の皆さまへの採用支援業務を通じて、キャリア設計に関する非常に多くの知見を得ることができ、本書を執筆できております。誠にありがとうございました。

本書の執筆を忍耐強くお待ちいただき、アドバイスをいただきましたダイヤモンド社の久我茂さん、イラストを担当していただいた悟空の良知高行さん、長期にわたり休日・深夜に及ぶ執筆作業を伴走してくれた谷中修吾さん、貴重な助言をくれた杉浦元さん、田村佳子さんにも心より御礼を述べさせていただきます。そして、陰ながら支えてくれた妻、娘に深く感謝し、出版と時同じくして誕生する息子に本書を贈りたいと思います。

２０１４年８月

渡辺秀和

［著者］
渡辺秀和（わたなべ・ひでかず）
東京都出身。一橋大学商学部卒業後、株式会社三和総合研究所（現三菱UFJリサーチ＆コンサルティング）戦略コンサルティング部門に入社。入社４年目にはプロジェクトリーダーへ同社最年少昇格。株式会社リンクアンドモチベーションへHRM事業部マネージャーとして入社。「組織風土変革」「リーダーシップ開発」のコンサルティングプロジェクトの営業活動とマネジメントを行なう。その後、キャリアコンサルタントへ転身。株式会社ムービン・ストラテジック・キャリアにて、５年連続No.１キャリアコンサルタントとして活躍。2005年より同社パートナーに就任。2008年、次世代リーダーのキャリア設計を支援する株式会社コンコードエグゼクティブグループを設立。代表取締役社長CEOに就任。ヘッドハンター・サミット2010において、日本一のキャリアコンサルタントを決定する「日本ヘッドハンター大賞」のコンサルティング部門で大賞であるMVPを受賞。戦略系コンサルティングファームをはじめとするコンサル業界やファンド、事業会社経営幹部へ1000人を超える相談者の転身を支援。

戦略コンサルタント、外資系エグゼクティブ、起業家が実践した
ビジネスエリートへのキャリア戦略

2014年９月11日　第１刷発行
2014年９月29日　第２刷発行

著　者――渡辺秀和
発行所――ダイヤモンド社
〒150-8409　東京都渋谷区神宮前6-12-17
http://www.diamond.co.jp/
電話／03·5778·7234（編集）　03·5778·7240（販売）

装丁――――遠藤陽一(DESIGN WORKSHOP JIN, Inc.)
本文イラスト―良知高行(悟空)
本文デザイン―布施育哉
製作進行――ダイヤモンド・グラフィック社
印刷――――信毎書籍印刷(本文)・慶昌堂印刷(カバー)
製本――――宮本製本所
編集担当――久我 茂

ISBN 978-4-478-02666-3